김경실 어머니 탄생 100주년을 기념하며

일러두기

• 한글쓰기를 원칙으로 하였으며, 필요한 경우 한자는 (   )에 넣었다.
• 책은 『   』, 논문과 기사제목은 「   」로 표시했다.
• 서술 간편상 많은 경우 존칭이나 직책을 생략하기도 하였다.

역사여성미래 총서 5

역사를 만든 여의사들
한국 의료의 문을 연 여성 의사 12명과 김경실의 이야기

2025년 5월 1일 1판 1쇄 인쇄
2025년 5월 6일 1판 1쇄 발행

지은이 안명옥
기 획 (사)역사여성미래
펴낸곳 역사여성미래
　　　　　서울특별시 은평구 통일로 713, 3층(대조동)
　　　　　전화: 02-6949-2530
펴낸이 안명옥
출판등록 2020년 1월 6일(제2020-000068호)
홈페이지 http://www.historywomenfuture.modoo.at.kr
유튜브 역사·여성·미래 https://www.youtube.com/@historywomenfuture
이메일 nwhm2013@naver.com
ISBN 979-11-975862-6-2 03910

* 잘못된 책은 바꿔 드립니다.

가격 20,000원
© 안명옥, 2025

역사여성미래 총서 5

역사를 만든 여의사들

한국 의료의 문을 연 여성 의사 12명과 김경실의 이야기

안명옥 저

역사여성미래

한국 여의사의 탄생과 여명기

●

역사의 사전적 의미는 '인류 사회의 변천과 흥망의 과정, 또는 그 기록' 혹은 '인류 사회의 발전과 관련된 의미 있는 과거 사실들에 대한 인식, 또는 그 기록'이다. 이를 연구하는 학문을 역사학이라고 할 때, 역사학이란 한편으론 과거의 기록을 연구하는 학문으로 동시대에도 기록에 따라 해석이 다를 수 있을 것인데, 과거의 사실을 그 당시 사실 그대로 탐구하는 것은 쉬운 일이 아니다. 결국 단절적인 여러 사실과 사건들의 맥락을 충실히 잇기 위해서는 기록의 탐구를 얼마나 깊고 광범하게 하는가에 달려있을 것이다. 사실의 맥을 들어내기 위한 작업은 결국 과거 기록에 대한 연구의 깊이와 성찰에 달렸다고 할 수 있다.

어린 시절부터 역사에 대한 관심으로 많은 서적과 기록들을 접했고 의사로 살면서도 그에 대한 관심은 놓지 않고 살아왔다. 그러나 2012년 여권통문을 접한 이후 온몸을 감싸는 전율의 감동으로 나의 서재는 역사 장서들이 쌓이기 시작했다. 어렸을 적부터 많은 가족 친지 의사들에게서, 집안에서, 그리고 일상의 시간 중에 익히 들어왔던 여의사들이었지만 역사 발자취조차 찾기 어려울 뿐 아니라 정리가 안되어 있음에 놀라왔다. 이는 딸 둘 만 있는 집안에서 자랐던 어머니와 이모가 모두 일찍부터 여의사의 삶을 사셨고, 하나 밖에 없는 딸로 자란 내 일생이 여의사이기 때문에 더 특별한 의미로 다가왔다. 2025년은 나의 어머니 김경실 선생님의 탄생 100주년이기도 하다. 이미 2006년에 선종하셨지만, 여의사 딸인 필자가 여의사이신 어머니를 기념하는 저술을 하겠다는 생각을 2020년부터 본격적으로 하게 되었다. 2020년은 김점동(박에스더) 선생님의 한국의사탄생 120주년이기도 했고 '여권통문의 날'이 법적으로 제정되어 제1회 여권통문의 날을 기념하게 된 해이기도 했다. 안타깝게도 전세계적으로 코로나(COVID-19)가 창궐하는 상황이어서 기념식은 무산되었지만, 이번 작업은 이렇게 탄생하게 되었다.

한편, 책과 논문마다 다른 여러 정보들을 보면서 안타까운 마음이 깊었다. 의사와 교수의 일에서는 공식적으로 은퇴를 한 즈음에서 필자는 일생 학자로 살아온 경험을 바탕으로 더 본격적으로 과거 역사의 기록들을 깊이 파고 더 사실에 가깝게 정리를 해야겠다고 마음을 다잡았다. 특히 여의사들의 역사를 잘 정리하여야겠다는 다짐이 커졌다. 여러 원전의 인용들이 사실이 아니라 인용에 인용을 거듭하면서 사실이 여러 갈래로 분산되어 어떤 자료들은 그 사실 확인에 대단히 긴 시간이 소모되었다. 일생 학자로 살아왔으나 더욱 더 연구논문을 쓰는 일이 얼마나 엄중한지 깊이 느끼는 순간들이었다. 그러나 여러 기록들과 증거들을 보고 또 보면서 긴 사유의 시간들을 더하며 마

역사를 만든 여의사들

침내 사실임을 확증하는 순간은 진정 황홀감이 엄습하는 유레카! 환희의 순간들이었다.

한국 여의사의 역사는 근대화 이후 여성들의 사회진출이라는 상당한 의미를 가진다. 여자 의사란 비교적 존중받으며 자유롭게 전문직으로 사는데 이상적인 직업이었다. 또한 한국 여의사의 초기 역사에서 시작하여 여성 과학자들의 역사로 이어지고 분화되며 요즈음은 다양한 첨단 과학 분야에서도 여성들의 약진이 두드러지고 있다.

지난 2020년은 1900년 김점동(金點童: Esther Kim Pak)이 볼티모어 여자의과대학을 졸업하고 귀국하여, 환자를 돌보는 한국인 첫 의사가 된지 120주년 되는 해였다. 또한 교육권, 참정권, 노동권을 주창했던 최초의 한국여성인권선언의 날인 1898년 9월 1일을 기리며 한국 여성의 날, '여권통문의 날'을 국가기념일로 정하여 처음으로 기념하는 해이기도 했다. 아울러 2020년부터는 '양성평등주간'도 7월 첫주에서 시기를 옮겨 매년 9월 1일부터 일주일간 양성평등을 염원하며 펼쳐지게 되었다. 진정한 '한국 여성의 날'이며 주간인 셈이다. 국회에서는 2020년 9월 1일 제1회 '여권통문의 날' 제정을 기념하고 축하하며, 교육권을 실천한 최초의 의사, 김점동의 한국 의사 120년을 기리는 행사를 진행할 예정이었으나 코로나19 팬데믹으로 모든 일정이 취소되었다. 지금도 여전히 다양한 사회·정치·문화적인 이유들로 사회가 혼란스럽지만, 진정 '한국 여성의 날'이 이 땅의 여성들의 축제로 매년 즐겁고 사랑이 가득한 날로 해를 거듭하며 진화되어 진행될 수 있기를 바라고 있다.

필자와 필자의 어머니, 하나밖에 없는 큰이모도 여의사의 삶을 살았다. 자매뿐인 어머니와 이모는 1940년대 초반, 고려대 의대 전신인 경성여자의학전문학교 졸업생으로 어머니 졸업생 번호는 191호다. 어머니(5회 졸업)와 이모(3회 졸업)에 대한 필자의 사랑과 존경, 삶을 치열하게 살아온 우리나라 여의사 선생님들에 대한 존경의 마음으로 이 글을 연다. 2025년 5월 1일은 우리 어머니 김경실 선생님의 탄생 100주년이 되는 생신날이고 1947년 5월 1일은 경성여자의학전문학교를 졸업하신 날이다. 필자가 딸로서 어머니 생존에 많은 기록을 역사의 한 사실로 정리하고 남겼어야 하지만 미국과 한국 사이를 오가는 이사를 거듭하며 분주하게 살았던 핑계도 아닌 이유로 어머니의 소중한 유산을 기록으로 못 남겼고 어머니는 이 세상을 떠나셨다. 어머니는 자손들이 불편하지 않도록 가지고 계셨던 모든 기록과 흔적을 깔끔하게 정리하고 가셨다. 이 책에는 어머니에 대한 아주 작은 편린들을 모아 초창기 여의사들 이야기와 함께 담았다. 1947년 경성여자의학전문학교 졸업 이후부터 여의사로 살아오신 어머니의 삶은 개화기 한 여의사의 삶을 엿볼 수 있는 기록이기도 하다.

의사는 여성의 직업 가운데 가장 전문적인 직종의 하나이며 존경받아 마땅한 직업이었으나 여의사 삶의 현실은 열악했다. 안타깝지만 2025년 현재도 나아진 것 같지는 않다. 1979년 의대를 졸업한 필자 시대에도 실력과 성적이 남성보다 훨씬 뛰어나도 인턴, 레지던트(수련의 과정)에 진입할 때 단지 여자라는 이유만으로 모교의 전공의 선발에서 탈락하는 경우가 적지 않았다.

우리나라에서 최초의 의사로 알려진 서재필이 쑨원(孫文)과 같은 의사가 되려고 미국 콜롬비안 대학교 의과대학(현 조지 워싱톤 의대)을 졸업하고 의사가 된 해가 1892년[1]이다. 그로부터 8년이 지난 1900년, 우리의 첫 여의사 김점동(박에스더: 남편 이름이 박여선)이 의사가 되어 귀국한다.[2] 실상 서재필은 병리학자이고 한국에서의 활동은 독립신문 발행, 외교관, 중추원 고문 등의 국가 자문관 활동이었으므로 우리나라 최초로 의사자격증을 갖고 환자를 돌보는 첫 서양의학 의사는 김점동이다.

1899년 김익남[3]이 한국 최초로 일본에서 근대의학을 공부한 의사로, 1899년 동경 자혜의원의학교를 졸업하고 동경자혜의원 당직의사로 근무했다. 그 후 1900년 8월 2일 귀국하여 의학교 교관으로 일한 바 있다. 그러나 그 당시 의학교에는 부속병원이 없었으므로 환자를 볼 수 있지 않았고 강의를 하는 교관이었다. 따라서 서양의 4년제 의대

---

1   서재필 박사의 졸업연도에 대하여 많은 문건에서 다양하게 다르게 나오지만 이 글에서는 미국 주재 서재필기념재단의 기록을 공식적으로 따른다. In 1892, Dr. Jaisohn became the first Korean ever to receive an American medical degree (Columbian Medical College, now George Washington University).(출처: https://jaisohn.org/dr-philip-jaisohn)

2   세계 최초로 의과대학을 졸업한 여자의사의 탄생은 영국태생의 엘리자베스 블랙웰(Elizabeth Blackwell, 1821-1910)이 1832년 가족 모두가 미국으로 이민 후, 1849년 뉴욕의 제네바 의학교를 졸업하며 탄생하게 된다.

3   김익남(金益男, 1870-1937): 1899년 동경 자케이의원 의학교 3년을 졸업하고 자케이의원에서 일하다가 1900년 8월 2일 귀국하여 의학교 교관으로 일하게 되었다. 11월 22일에 주임관 6등 의학교 교관에 임명되었다. 그 당시 의학교에는 병원이 없어서 강의만이 시행되었다. 1902년에는 콜레라 창궐로 임시위생원 의사로 임명되어 활동하였고 의학교에서 강의가 없을 때는 집에서 환자를 진료했다고도 전한다. 「한말 대표적 군의」, 박형우, 『한국근대서양의학교육사』, 청년의사, 2008, 99-101쪽.

교육을 마치고 1900년 10월에 돌아온 김점동이 환자를 돌본 의사로는 우리나라 첫 의사다. 그는 의사가 되자 바로 1900년 귀국하여 환자 진료와 보건교육에 온 힘을 다했고 환자들을 치료하는 과정에 당시에는 불치병이던 폐결핵을 얻어 1910년 33세로 짧은 생을 마감하였다.

2023년 말부터 심상치 않다가 2024년 초부터의 평지풍파, 의료대란으로 이 글을 쓰는 시점에도 의료의 거의 많은 업무가 마비되어 있는 비통한 상황이다. 매년 초에 새로 의사면허를 취득하는 의사수도 2025년도부터 예년과 같지 않다. 2024년 12월 보고자료인 가장 최근 공식자료 『2024 보건복지통계연보』[4]에 의하면, 2023년의 대한민국 전체 면허 의사수는 137,698명, 여의사 37,600명으로 27.3%에 달한다.

정확한 공식통계는 발표 전이지만, 2024년도 의사시험 합격자 3,045명, 그리고 2025년도 의사면허를 취득한 269명을 더하고, 요즈음의 의대생 여학생 비율이 35% 전후이므로 2025년 5월 현재 전체 의사수는 141,000여 명일 것으로 추정되고, 여의사는 39,000여 명일 것이다. 2024년도 2월 졸업생들까지는 정상적으로 졸업생이 배출되었으나 2025년도 의사면허취득자 수에서 보듯이 앞으로의 추이는 사회적인 변수가 크다. 한편 2021년도 의대 신입생 여학생수는 1,088명, 전체 의대생 수의 35.1%로 2019년 1,000명을 넘어서며 계속 증가하

---

4   보건복지부, 『2024년 보건복지통계연보』, 2024.12.

여 역사상 최고의 수치를 기록하고 있다.[5] 이는 의대 신입생 여학생 수가 전체 학생수의 30%를 넘어선 1999년 이후 20여 년간 유지되어 온 수치다. 여학생들의 약진을 보여주는 증거라고 하겠다.

1900년 첫 여자의사이자 한국 최초의 서양의학 의사이기도 한 김점동의 의사로서의 진료시작에서 125년이 되는 2025년, 우리의 여의사 수는 39,000명을 넘어섰다. 그러나 한국 근대서양의학사는 거의 남자의사들의 역사로 정리되어 있다. 여의사의 역사는 제중원 창설 다음 해에 제중원에 애니 엘러스의 내한으로 시작된 여성진료와 부녀과 창설로 본격적으로 시작되어 실상 한국의 현대의학의 시작과 맥을 함께 한다. 여의사의 역사가 앞으로 지속적으로 더 깊고 넓게 잘 정리되기를 희망하며 1885년 제중원 창설 직후 1886년부터 여 의료선교사의 진료로 시작된 초창기 역사와 초창기 여의사들의 행적을 정리해 보고자 한다. 많은 의료선교사들이 조선에서 생명을 돌보고 구하는 일을 위해 자신을 헌신하였으나 그 중 초기 3명의 여성의료선교사와 우리 초창기 여의사들 중 9명, 모두 12명을 살펴보며 첫 정리를 시작하였다. 가톨릭이 모태신앙인 필자의 마음과 머리에 예수님의 첫 12 제자를 생각했다. 이 작업은 단지 시작이다. 앞으로 더 많은 사료 작업의 후속 연구와 저작들이 이루어져 기존에 분산 축적되어있는 당시 활동과 방대한 자료가 맥을 이루며 정리되어서, 한분 한분의 존재가 우리 여의사의 역사는 물론 대한민국 여성과 사회에 미친 지대한

---

5   『에듀진』, 2021.9.27., 「여의사 많아진다. 2021년 의대 입학 여학생 역대 최다」.

영향들의 기록으로 재조명되기를 바란다. 또한 그 분들의 삶에서 온고이지신(溫故而知新), 그리고 우리의 나날의 삶이 일신우일신(日新又日新)하면 좋겠다.

3부로 필자의 어머니이신 일제강점기와 해방후로 연결된 경성여자의학전문학교 5회 졸업생 김경실 어머니의 삶 이야기를 정리하여 소개하였다. 2025년은 어머니의 탄생 100주년이 되는 해다. 이 책은 어머니에게 드리는 사랑과 존경과 감사의 작은 표현이자 헌정의 마음을 담은 책이기도 하다. 100년전 어머니 탄생일인 5월 1일을 기념하며 출간하게 되었다.

그동안 여의사의 역사 발굴과 정리에 힘써 주신 여의사 선생님들과 의료계 선·후배 선생님들, 그리고 여성 역사학자들께 진심으로 감사드린다. 당신들의 삶을 통해 자연스레 저자를 의사의 삶으로 이끌어 주시고, 하느님의 사랑 안에서 의사로서 축복의 삶을 살면서 의업의 존귀함을 깨닫게 해주신 영원한 멘토 사랑하는 김경실 어머니, 안봉한 아버지, 김경신 이모님, 박찬무 이모부님께 심연으로부터 깊은 존경과 감사를 드린다.

2025년 5월 1일, 어머니 탄생 100주년을 기념하며,
안명옥

CONTENTS

제1부

한국 근대 여성교육과
서양의학의 시작

1장

한국 근대 여성교육과
서양의학의 시작

    대한민국의 근대 여성교육은 서양의학의 도래와 뗄 수 없는 밀접한 관계가 있다. 또한 그 교육의 시작은 기독교 선교로부터 비롯되었다고 볼 수 있다.

1. 서양의학의 도래, 그리고 여성교육의 시작

　우리나라는 전통적인 봉건사회에서 근대 자본주의로 전환되는 시기인 19세기 말 개항과 더불어 격동의 시기에 비로소 근대화에 접어들게 된다. 서양의학이 처음 우리나라에 도입된 시기는 조선 후기 서양의학 서적의 형태로 『주제군징』(1629)[1] 등의 의학서적들이 1760년경 성호 이익(星湖 李瀷, 1681-1763년) 등에 의해 소개되면서부터다. 하지만 실질적으론 고종 13년(1876) 조일수호조약(朝日修好條約) 이후 일본인들이 부산(제생의원, 1877), 원산(생생의원, 1880), 서울(공사관 의원, 1883), 인천(영사관부속병원, 1883) 등 개항지에서 서양의학식 병원을 개설하며 간접적으로 독일의학이 소개되면서 시작되었다고 볼 수 있다. 그 후 고종 21년(1884)에 개화당이 주도한 갑신정변(1884.12.4.)을 계기로 미국 기독교선교회 의사들에 의하여 미국의학을 직접 접하게 되었다.

　직접적인 서양의학의 접촉은 1884년 9월 20일 중국을 거쳐 한국에 들어온 한국 최초의 기독교 선교사(미국북장로교)이며 주한 미국 공사

1　『주제군징(主制群徵)』(1629): 독일 쾰른 출생의 가톨릭 예수회 신부인 샬폰벨(Johann A. Schall von Bell)의 저서로 명나라에서 1629년의 저술이다. 그리스의 뛰어난 의사였던 갈렌의 해부생리학을 소개했다. 성호 이익(1682-1763)의 저서 『성호사설(1760)』에서도 '서국의(西國醫)'로 소개된 바 있다. 박형우 저 『한국근대서양의학교육사』, 청년의사, 2008, 7-10쪽에서 재인용.

관 소속 의사이자 의료선교사로 있었던 알렌(安連: Horace Newton Allen, MD)[2]과 갑신정변과의 인연으로 시작된다. 알렌은 갑신정변 때 중상을 입은 우영사(右營使) 민영익의 상처를 봉합한 것을 시작으로 3개월 가량 극진히 치료해 회복시켰다. 이를 계기로 알렌의 건의로 이듬 해인 1885년 4월 10일 갑신정변의 주역인 홍영식의 집에 왕립병원인 광혜원(廣惠院: 은혜를 널리 베푼다는 뜻)이 개설되었고 2주 후에는 사람을 구제한다는 의미의 제중원(濟衆院)으로 개칭되었다.

우리나라 근대 여성교육은 북감리교 선교사인 의사 스크랜튼(William B. Scranton, MD)[3]이 1885년 5월 3일 조선에 도착한 후, 뒤이어 입국한 스크랜튼의 어머니 스크랜튼(Mary E. Scranton)[4] 여사에 의해 시작되었다. 의사인 스크랜튼은 입국 후 제중원에서 알렌을 도와 일했다. 그 후 미국 북장로교 의료선교사인 헤론(John Heron, MD)[5]이 입국하자 스크랜튼은 같은 해 9월 10일부터 자신의 집에서

---

2 알렌(Horace Newton Allen, 1858-1932): 한국명 안연(安連), 1884년(고종 21년) 한국 최초 의료 선교사로 내한하여 미국 공사관에서 의사로 근무하던 중 갑신정변(甲申政變) 때 부상 당한 고종 황제의 처남 민영익(閔泳翊)을 치료하였고 이 인연으로 1885년 4월 10일 우리나라 최초의 근대식 병원인 광혜원(廣惠院, 2주일 후부터 제중원濟衆院)을 갑신정변의 주역인 홍영식의 집에서 개원함.

3 스크랜튼(William Benton Scranton, 1856-1922): 한국명 시란돈(施蘭敦), 1885년 5월, 미국 북감리교회에서 한국에 파송한 의료선교사로 서울 시병원과 아현교회, 상동교회, 동대문교회 등을 설립하였다.

4 스크랜튼 여사(Mary E. Scranton, 1832-1909).

5 헤론(John Heron, 1856-1890): 한국명 혜론(惠論), 워낙은 영국태생이나 미국으로 이주하여 테네시 의과대학을 수석으로 졸업하였다. 의료선교에 대한 꿈으로 1884년 4월 24일 미국 북장로교에 의해 조선에 첫 번째로 파견되는 선교의사로 임명되어 1885년 5월 1일 한국으로 출발하였다. 1887년 9월 알렌에 이어 제중원의 책임을 맡았다. 1890년 여름 이질에 걸려 투병하다가 한국에

역사를 만든 여의사들

이화학당 설립자 메리 스크랜튼 여사와 이화학당 첫 한옥 교사(출처: 이화역사관)

병원을 개원하였다. 1886년 6월 15일에는 이 병원이 시병원(施病院)[6]
으로 발전하게 되었다.

한편 앞서 언급한 스크랜튼의 어머니 스크랜튼 여사와 아펜젤러
(Henry G. Appenzeller) 부부가 1885년 6월 20일 한국에 도착하여
이웃하며 살게 되었다. 1885년 9월경부터 아펜젤러는 자신의 집에서
2명의 학생에게 영어를 가르치기 시작했다. 배재학당의 시초다. 이웃
스크랜튼 여사는 1885년 10월에 여성교육을 위해 지금의 서울 중구
(中區) 정동(貞洞)에 부지를 구입하고 건물을 세운 후 1886년 5월경부
터 학생을 가르치기 시작했다. 이듬해인 1887년 2월에는 고종황제가
'이화학당(梨花學堂)'이라는 교명과 현판을 하사하였다. 조선의 서원

파견된지 5년 만에 1890년 7월 26일 34세로 운명하였고, 양화진 외국인 묘지에 안장되었다.

6   시병원은 스크랜튼이 자신의 집에서 1885년 9월 10일 환자를 보기 시작하면서 현 정동제일교
    회 문화재예배당 위치에서 시작되었다. 가난한 일반 백성을 무료 또는 염가로 치료해 주어, 고종
    이 '시병원'이라는 명칭을 하사했다. 1886년 6월 15일 시병원으로 거듭났다.

에 비견될 수 있는 이 이화학당이 국가로부터 공식적 인정받은 최초의 근대식 여학교다. 한 사람의 여학생으로 시작한 이 학교에 1886년 11월 들어온 4번째 학생이 바로 우리나라 첫 (서양)의사가 되는 김점동(박에스더)이다.

당시 조선의 문화와 맞물려 내외법 등으로 여성을 치료하기 위해서는 여의사가 절실하게 필요하였다. 알렌은 제중원에서 지속적으로 미국 북장로교 교단에 여의사 파견을 요청하였고 그 결과 최초의 여성 의료선교사인 애니 엘러스(Annie Ellers)[7]가 1886년 7월 4일 한국에 왔다. 록포드 대학을 졸업하고 보스턴 의과대학 졸업을 한 학기 앞둔 의과대학생이었던 애니 앨러스는 제중원(濟衆院)에 도착한 날부터 신설된 부녀과에서 의사로 활동하였다. 동시에 명성황후의 주치의로도 활동했는데, 그 공로가 인정되어 정경부인(貞敬夫人) 벼슬을 받았다. 이후 1887년 7월 선교사인 벙커(Dalzell A. Bunker)와 결혼하기 직전인 6월 다섯 살 난 여아를 집에 데려다가 글을 가르치기 시작했다. 1888년 3월 12일에는 자신의 집에서 15세의 학생 두 명으로 '정동여학당'이라는 여학교를 열고 당장(교장)으로 일했다. 공식적으로 한국 선교부에 등록된 서울 선교지부의 여학교였다. 후에 정신(貞信)

---

7   애니 엘러스(Annie Ellers, 1860-1938): 1881년 일리노이주의 록포드 대학을 졸업하고 보스턴 의과대학에서 졸업 한학기를 앞둔 의과대학생이었던 엘러스는 워낙 페르시아로 갈 계획이었으나 의료선교사로 한국으로 파견되었다. 그 당시 명성황후가 와병 중이었으나 알렌이 직접 치료를 못하고 있는 상황에서 명성황후의 시의로 임명받아 명성황후와 귀부인들을 치료하게 되면서 정 2품 정경부인직을 하사 받았다. 참고: 이용민, 「첫 여성의료선교사 애니 앨러스」, 『국민일보』, 2015.11.16., 2015.11.23.

여학교로 발전하였다.

그는 매일 직접 학생들을 가르쳤고, 의료 사역을 후임인 릴리어스 호튼(Lillias Horton)에게 인계한 후부터는 여학교 운영에 거의 모든 시간을 쏟았다. 애니 엘러스는 YWCA 창설에도 결정적 역할을 했다. 다만 미국에서 의과대학 마지막 학기를 졸업하지 않았다는 이유로 사람들의 입방아에 올랐지만, 이는 당시 그가 조선에 온 것은 미 북장로교 선교회의 간곡한 요청과 결정에 의한 것이었다. 선교회는 조선에 여의사를 빨리 파견해야 하는 상황이었으므로, 조선에 파견되어 2년 봉사한 후 다시 귀국하여 학위를 마칠 수 있도록 하겠다는 조건으로 애니 엘러스는 난감한 수락을 할 수 밖에 없었다. 우리 사회에 여성과 어린이를 위한 초기 의료사업과 초창기 여성교육분야 및 여성운동에 그가 미친 영향은 매우 커서 결코 과소평가되거나 왜곡되어서는 안될 일이다. 이 책의 2부에서 좀 더 자세하게 그의 삶을 살펴보기로 한다.

1886년의 의사 스크랜튼의 어머니인 스크랜튼 여사가 설립한 '이화학당'과 1887년 엘러스 의료선교사가 설립한 '정동여학당'은 이렇게 시작되었다. 내외법에 의해 자신의 능력을 계발하지 못하고 활동 범위가 가정 내에 한정되어 있던 여성들이 밖으로 활동 영역을 넓히는 계기가 되었다. 근대 교육의 혜택을 받은 여성들이 졸업 후 처음으로 전문직에 진출하게 되고 여성교육기관이

정동여학당(정신여학교 전신)
설립자 애니 엘러스
(출처: 정신여자고등학교
사료연구위원회)

점차 확대되면서 여성의식이 깨어나기 시작했다. 여성교육은 교육에서 소외되었던 여성들에게 교육기회를 제공하였고 다양한 직업을 선택할 기회와 전문직에 뛰어들 수 있는 여건을 만들어 주었다. 이러한 교육기회는 가부장적 굴레에 얽매어 있던 여성들에게 주체의식을 심어주고 여성지위를 높이는 사회적 변화를 서서히 일으키게 하였다.

1898년에는 한국 최초의 여성인권 선언(여권통문)으로 이어지고 최초의 여성단체인 찬양회도 결성되는 등 점차 여성들이 주도적으로 사회변화를 선도하고 계몽해 나갔다. 이후 특히 전문직 여성들은 위기에 처한 국가를 구하기 위한 구국운동에 앞장서며 사회지도층 역할을 담당하였다. 특히 이 시기 교육계와 의료계에서 활동한 여성들은 우리나라 최초의 전문직 여성들이었다. 여성교육의 확산과 함께 많은 여성들이 사회계몽운동, 농촌운동, 3·1 운동을 비롯한 독립운동에도 참여하게 되었다.

역사를 만든 여의사들

2. 「여권통문」과 「여권통문의 날」

지금부터 127여 년 전인 1898년
9월 1일, 북촌의 양반 여성들이 주
동하여 이소사 김소사의 이름으로
'여학교 설시 통문(女學校設始通
文)' 이른바 '여권통문(女權通文)',
즉, 여성권리를 명시한 문서를 발
표하였다. 당시 뜻을 같이한 여성
들이 300여 명에 이르렀다고 황
성신문, 독립신문, 제국신문은 전
한다.[8] 이는 우리나라 최초의 여성
권리 선언으로 근대적 여권운동의
시작이며 세계여성의 날이 촉발된

『황성신문』 별보, 1898.9.8. 여학교설시통문

1908년 미국 여성 노동자들의 시위보다 10년이나 앞서는 역사적 사
건이다. 필자는 2012년에야 이 사실을 알게 되었는데 여권통문을 접
한 그 날의 감동은 표현할 수 없을 정도로 벅찼다. 동시에, 1971년 처
음으로 논문을 통해 세상에 소개되었는데 2012년까지 40여 년 동안

---

8   박용옥, 「1896–1910 婦女團體의 研究」, 『한국사연구』 6, 103–135, 1971.

이 기념비적 역사를 배우거나 접한 적이 없었음이 놀라왔다.

2012년 이후 훌륭하신 여성 선각자들께 대한 감사와 존경심을 바탕으로 필자는 여성사에 대한 관심을 깊이 가지며 본격적 탐구를 이어갔다. 한편으로는 국립여성사박물관 건립과 여권통문의 의의를 지속적으로 기념하며 여권통문의 날 제정에도 적극적으로 관여하게 되었다. 전 세계에 60여 개국 이상에 있는 여성(사) 박물관들이 부러웠고 우리나라에도 반드시 건립되어야 한다는 마음을 가졌다. 웅녀의 단군 신화 이래 우리나라 역사는 오천년 세월, 헌신과 희생으로 점철된 훌륭한 어머니들과 언니, 누이들인 위대한 여성들의 역사이기도 하다. 국립여성사박물관을 세우는 일은 이 시대 남녀 모두의 역사적 사명이다. 2013년 5월 국회에서 길정우 의원의 국립여성사박물관 설립에 관한 법 제안이 여성발전기본법에 담겨 동년 12월 국회 본회의를 통과한 이래 국립여성사박물관 건립을 위한 운동이 지속되고 있다.[9]

여권통문은 우리나라 최초의 한국여성인권선언서다. '여권통문(女權通文)', 여성인권선언문에는 명시적으로 '권리'라는 단어가 사용되었다. 교육권, 노동권(경제활동 참여권, 직업권), 정치참여권(참정권, 정치권) 등 크게 3가지 권리에 대한 주장을 담고 있다.[10] 특히 남녀평등

---

9 안명옥, 「국립여성사박물관 건립의 여정」, 『여성과 역사』 41, 1-14, 2024.

10 독자들의 이해를 돕기 위해 '여권통문'의 현대어판을 첨부한다.
'여권통문(女權通文)'(현대어판)(찬양회의 「여학교 설시 통문」), 대저 물이 극하면 반드시 변하고 법이 극하면 반드시 고침은 고금에 상리(常理)라. 이 동방 삼천여리구역과 열성조 오백여년기업으로 승평일월에 무사하더니 우리 성상 폐하의 의의탕탕하신덕으로 임어하옵신 후 국운이 더욱 성왕하여 이미 대황제폐하위에 어하옵시고 문명한 개화정치로 만기를 총찰하시니 이제 이천

권으로서 교육권을 강조했다. 남녀동등권의 관점에서 여성억압과 성역할 문제를 제기하고, 여성 교육을 통해 능력을 키워 남성과 동등하게 경제활동을 하고 사회에 참여하며, 부부 사이에도 여성이 남성에게 통제받지 않고 존중받을 것을 주장한 여성권리선언이다. 세 가지 권리중에서도 교육받을 권리가 가장 중요하다고 보아 1898년 10월 11일, 고종에게 관립여학교 설치를 골자로 상소하였으며[11, 12] 지속적으로 관립여학교 설치를 요구하였다. 처음 주장은 북촌의 양반부인들에서 시작하였으나, 일반서민층 부녀와 기생들도 참여하였고, 남성들도 가담

만 동포 형제가 성의를 효순하야 전일해태 하든 구습은 영영 버리고 각각 개명한 신식을 쫓아 행할세 사사이 취서되어 일신우일신함은 영영한 소아라도 저마다 아는 바이어늘 어찌하여 우리 여인들은 일양 귀먹고 눈 어두운 병신 모양으로 구규(舊閨)만 지키고 있는지 모를 일이로다.(정치참여권, 정치권, 참정권) 혹자 신체와 수족과 이목이 남녀가 다름이 있는가 어찌하여 병신 모양사나히의 벌어주는 것만 먹고 평생을 심규에 처하여 그 절제만 받으리오.(경제활동참여권, 노동권, 직업권) 이왕에 먼저 문명개화한 나라를 보면 남녀가 일반 사람이라 어려서부터 각각 학교에다니며 각항 재주를 다 배우고 이목을 넓혀 장성한 후에 사나이와 부부지의를 정하여 평생을 살더라도 그 사나이의 일로 절제를 받지 아니하고 도리어 극히 공경함을 받음은 다름 아니라 그 재조와 권리와 신의가 사나이와 같기 때문이다. 어찌 아름답지 아니하리오. 슬프다. 돌이켜 지난 일을 생각하면 사나이의 위력으로 여편네를 누르려고 구설을 빙자하여 여자는 거내이불언외(居內而不言外)하며 유주식시의(唯酒食施衣)라 하니 어찌하여 신체 수족 이목이 남자와 다름없는 한가지 사람으로 심규에 처하여 밥과 술이나 지으리오. 도금에 구규를 폐지하고 신식을 시행함이우리도 혁구종신(革舊從新)하여 타국과 같이 여학교를 설립하고 각각 여아들을 보내어 재주와규칙과 행세하는 도리를 배워 장차 남녀가 일반 사람이 되게 할 차 여학교를 설립하오니(교육권)유지한 우리 동포 형제 여러 부녀 중 영웅호걸님네들은 각각 분발한 마음을 내어 우리 학교 회원에 가입하라고 하면 즉시 서명하시기를 바라옵나이다. 대한 광무 2년(1898년) 9월 1일 통문고표인(通文告表人) 이소사(李召史)/ 김소사(金召史).

11 박용옥, 「구한말의 여성교육」, 『사학연구』 21, 361-378, 1969, 최초로 여성들이 임금(당시 고종)에게 청한 상소이기도 하다.

12 『제국신문』 1898년 10월 12일자, 13일자 잡보: 찬양회는 1898년 10월 11일 관립 여학교 설립을 오청하는 집단상소를 고종 황제에게 봉정했다. 오후 2시에 찬양회 회원 100여 명이 장례원 주사 김용규 집에서 모임을 개최한 후, 경운궁 인화문 앞(현 덕수궁 정문 앞)으로 가서 우비(신하가올린 글에 대하여 임금이 좋은 말로 비답을 내리던 일, 혹은 비답)에서 엎드려 진복상소를 올렸다.

하였다. 비록 고종의 비답이 내려진 이후에도 관립여학교는 세워지지 못했으나, 그 결실이 1899년 한국인 최초 사립여학교인 '순성여학교'였다. 또한 여권통문 발표 이후 여자 교육기관을 설립하고자 조직된 찬양회는 최초의 여성단체로 기록된다. 여권통문은 한국이 근대화를 시작하며 역사상 최초로 여성들 스스로가 권리를 주장했다는 점에 역사적 의미가 크다. 또 단순한 주장에 그치지 않고 실제로 여학교(순성여학교)를 설치한 그 실천력에 더 높은 평가를 할 수 있다. 교장은 여권통문 발표시 김소사인 김양현당이다. 순성여학교는 초등과정 학교로서 서울의 느릿골(지금의 연지동으로 추정)에서 30명 정원으로 개교했다. 그러나 1903년 김양현당 사망 후 재정 등 여러 제약으로 학교는 문을 닫게 되었다.

일제강점기에도 여권통문 발표에서 시작된 여권운동 맥은 면면히 이어지며 다양한 형태로 분출되었다. 때로는 여성교육운동, 농촌운동, 항일투쟁, 독립운동으로 이어졌다. 해방 후 여성투표권, 평등교육권 등이 여성에게 쉽게 주어진 것이 결코 아니다. 19세기 말부터 계속 이어져 온 여권운동 결과다. 2005년 이래 여성 대학진학률이 남성을 앞질렀지만 1970년대만 해도 여성은 남자 형제의 대학진학을 위해 자신의 진학을 포기하고 공장이나 직업전선에서 일하여 학비를 보태는 것이 사회적 현상이었다.

'국립여성사박물관건립추진위원회'[13]가 민간영역에서 2012년 9월

---

13 2013년 5월 13일 길정우 의원 대표 발의한 '국립여성사박물관' 건립을 명시한 '여성발전기본

여권통문 119주년, 여권통문 120주년 기념행사 (출처: (사)역사·여성·미래)

발족하였고, 2013년 7월 5일 국립여성사박물관건립 발기인 대회와 이어진 2013년 9월 9일 (사단법인)역사·여성·미래가 민간에서 설립되며 여성사학회, 여성단체를 중심으로 여권통문의 역사적 의미에 주목하여 왔다. 매년, 9월 1일 여권통문의 날을 기념하게 되었고 2018년 여권통문의 날 120주년 되는 해에는 국회에서 120인의 대한민국 여류화가들의 '한국여성미술인 120인 특별전'이 열렸고, 여권통문의 날을 제정하자는 움직임의 염원을 담아 인천여성가족재단합창단,

---

법' 개정안이 2013년 12월 10일 국회에서 통과된 이후, 민간에서 시작된 '국립여성사박물관건립추진위원회'는 여성가족부의 요청으로 '국립'자를 떼고 '여성사박물관건립추진협의회'로 이름을 바꾸게 되었다.

국회에서의 여권통문 120주년 행사(출처: (사)역사·여성·미래)

120주년 여권통문의 날 기념행사 – 국회 갤러리에서 열린 한국여성미술인 120전(2018.10.1.–10.31.)
(출처: (사)역사·여성·미래)

역사를 만든 여의사들

연극모임, 여고생(인일여고, 정신여고)들의 함성이 함께 울려 퍼졌다.

여권통문이 발표된 날을 국가 차원의 기념일로 제정하자는 움직임이 결실을 맺어 2018년 국회에서 신용현 의원 대표 발의가 있었다. 그 내용은 매년 9월 1일을 '여권통문의 날'로 기념하고 여권통문의 날부터 1주간을 '여성인권주간'[14]으로 정하여 기념함으로써 여권 문제에 대한 국민적 관심을 높이려는 양성평등기본법 개정안 발의였다. 발의 안은 2019년 10월 31일 국회 본회의를 통과하여 드디어 2020년부터 '한국여성의 날'[15]인 '여권통문의 날'을 국가기념일로 기념하게 되었다. 이 과정에서 필자는 발의과정 시작부터 힘을 보태며 개인적으로 보람과 영광의 기억을 간직하게 되었다. 민주주의의 완성이랄 수 있는 성평등, 양성평등의 획기적 전기가 되기를 소망하는 바다.

한국 여성들의 역사적인 날, 2020년 9월 1일에는 명실공히

제1회 여권통문의 날 기념행사 포스터이자 책자 표지
(출처: 필자 소장자료)

14　원래의 「양성평등법」 개정안에는 '여성인권주간'으로 명기 되었으나 개정안 논의 과정에서 기존 7월 1일부터 일주일간 기념하던 '양성평등주간'을 9월 1일부터 일주일간으로 옮기는 것으로 수정되었다.

15　베트남이나 캐나다, 남아프리카 공화국, 미얀마 등 여러나라들이 세계여성의 날(3월 8일)과 각국 고유의 여성의 날을 모두 기념한다.

한국여성의 날인 '여권통문의 날'이 법정기념일이 되어 최초로 전국적으로 기념하는 날이었다. 국립여성사박물관건립운동을 최일선에서 시작한 (국립)여성사박물관건립추진협의회(위원회)와 역사·여성·미래, 행동하는여성연대, 한국여자의사회에서는 여성가족부, 여성신문과 함께 한국여성인권선언 '여권통문의 날', 참된 한국여성의 날을 기념하였다. 동시에 한국 근대 여성교육 최초의 상징이랄 수도 있는 '한국 첫(여성)의사, 김점동(박에스더) 120주년'을 동시에 기념하는 자료집도 발간했다.

2024년에는 국회에서 한국여성의정[16]을 중심으로 국회입법조사처, 전 여성가족부 장관인 김희정, 진선미 두 의원 공동주최와 여성가족부, 국립여성사전시관, (사)역사·여성·미래 후원으로 제5회 여권통문의 날 기념식[17]과 토론회가 국민의 전당인 국회에서 국회의장 참석하에 개최되었다. 2024년 9월 시점, 외국 대사 사절 중 24명이 여성인데 국회에 초청하여 한국 고유의 여성의 날인 '여권통문의 날'을 알리며 세계 여성들과의 연대도 돈독히 했다. 그간 9월 1일 '여권통문의 날'을 법정기념일인 국가기념일로 기념하게 하는 데는 '국립여성사박물관건립운동'을 최일선에서 시작한 '국립여성사박물관건립추진위원

---

16 한국여성의정(Korea Women Parliamentarian Network: http://kwpn.or.kr/)은 국회의장 산하 사단법인으로 2013년 5월 23일 전·현직 여성국회의원들의 단체로 출범하였고, 2025년 4월 현재 전직 여성의원 141명과 현직 여성의원 61명, 모두 202명이 정회원으로 구성되어 있다. 2024년 9월1일 한국여성의정 10년사가 발간되었다.

17 『여성신문』 2024.9.5. 「국회서 '여권통문의 날' 기념 행사…"남녀동수 시대로"」

역사를 만든 여의사들

2024년 여권통문의 날 국회 행사 포스터와 여권통문 한·영 소개 소책자(출처: 필자 소장자료)

회'[18]와 역사·여성·미래, 행동하는여성연대의 지속적인 노력이 있었다. 역사·여성·미래에서는 2023년 9월 1일 제4회 여권통문의 날에는 여성의 역사를 알리는 유튜브[19]를 개설한 바 있다.

---

[18] 2012년 9월 12일, 민간주도 '국립여성사박물관건립추진위원회(위원장: 이배용)'가 여성사학회 중심으로 발족했다. 2013년 10월부터는 필자(안명옥)와 정현백 전 여성가족부 장관이 함께 추진위원회 공동위원장으로 사회·문화·경제·정치계의 여성들을 비롯, 각 분야에서의 범국민적 국립여성사박물관 건립 참여 독려에 앞장서게 되었다. 초기, 많은 호응을 받으며 2014년 4월에는 추진위원이 335명에 달했다. 국립여성사박물관건립 법제화 후 정부주도로 전환되는 과정에 5월 8일 여성가족부 통보로 국립 명칭 없이 '여성사박물관 건립추진협의회'로 전환되어 민간운동은 활동이 위축되었으나 지속적으로 국립여성사박물관건립을 위한 노력을 해오고 있다.

[19] (사)역사·여성·미래에서 여성사학자 중심으로 여성의 역사를 알리기 위한 콘텐츠를 담은 유튜브를 2023년 9월 1일 여권통문의 날을 기념하며 개설하였다. https://www.youtube.com/@historywomenfuture

3. 한국 여성 교육 상황

2025년 이즈음, 한국여성은 어떤 삶을 살고 있을까? 중요 척도 중 교육, 노동, 정치참여 세 부문만 살펴보자. 1997년부터 여성주간에 맞추어 발표되는 「통계로 보는 여성의 삶」이 2022년 윤석열 정부가 들어서고부터는 「통계로 보는 남녀의 삶」으로 발표하고 있다. 그전에는 7월 1일부터 일주일간이 여성주간이었으나 '여권통문의 날'이 시작된 2020년부터는 9월 1일부터 일주일간 양성평등주간으로 기념하게 되었다. 여성가족부가 발표한 가장 최근 자료인 2024년에 발표된 「2024 통계로 보는 남녀의 삶」[20]을 살펴보기로 한다. 2018년까지의 자료가 최근의 통계자료보다 더 여성의 삶을 살펴볼 수 있는 충실한 자료로서의 역할을 하고 있음이 안타깝다. 더욱더 발전되고 진화되면 좋을 통계자료들이 영속성 없이 사라지고 있어서 인구학적으로 매우 중요한 인구통계의 기본이 흔들리고, 성인지적 인식이 점점 흐려지는 것이 학자로서 매우 아쉽다.

2024년 여권통문의 날을 기념하며 발표된, 「2024년도 통계로 보는 남녀의 삶」은 9월 5일 발표되었다. 그전부터 2018년 여성주간 발표까지의 여성가족부 자료는 참고할 부분이 많은 관계로 부득이 통계

---

20 여성가족부, 「2024 통계로 보는 남녀의 삶」, 2024.9.5.

청 원자료와 2018년 자료 중 참고해야 할 부분을 필자가 분석, 정리하여 소개한다. 또한 중앙선거관리위원회 자료도 참고하였다.

본론으로 들어가자. 첫째 교육 척도다. 긴 세월 교수로 일했던 바, 여성고등교육의 변천은 필자가 특별히 관심가졌던 문제였다. 교육인 적자원부의 『2018년도 교육통계연보』에 의하면 2005년 전체 고교 여학생 대학교 진학률이 남학생 대학진학률을 0.4%p 추월한 이래 지속적으로 격차가 커지며 여대생의 약진은 놀랍다. 통계발표기관마다 발표에 차이가 있는데, 2021년 교육통계서비스 자료에 의하면 아래 표와 같이 2008년까지는 남학생의 대학진학률이 높다가 2009년 남학생(81.5%), 여학생(82.3%)으로 처음으로 역전되었다는 상이한 자료도 있다. 일반계 고교만을 말한다면 그 격차는 더하다. 2000년대에 들어서서 이미 일반계 고교출신자의 대학진학률은 여학생이 남학생을 추월한다.[21]

2000-2020년 고교 전체 성별 대학진학률 비교

구분	2000	2005	2010	2011	2012	2013	2014	2015	2016	2017	2018	2019	2020
남(%)	70.4	83.3	77.5	70.2	68.6	67.4	67.6	67.3	66.3	65.3	65.9	66.6	69.3
여(%)	65.4	80.8	80.5	75.0	74.3	74.5	74.6	74.6	73.5	72.7	73.8	74.5	76.1
[전체]	68.0	82.1	78.9	72.5	71.3	70.7	70.9	70.8	69.8	68.9	69.7	70.4	72.5

출처: 교육통계서비스

---

21 『YTN』 2021.7.22. 「여학생 대학진학률 높은 이유는?」

2000-2020년 일반계 고교 성별 대학진학률 비교

구분	2000	2005	2010	2011	2012	2013	2014	2015	2016	2017	2018	2019	2020
남(%)	83.4	87.8	79.5	72.0	73.2	74.3	75.5	75.7	74.8	74.1	74.1	73.6	76.4
여(%)	84.6	88.8	83.6	78.6	79.5	81.0	81.6	81.5	80.6	79.8	80.4	79.6	81.4
[전체]	83.9	88.3	81.5	75.2	76.2	77.5	78.3	78.5	77.6	76.9	17.2	76.5	78.9

출처: 교육통계서비스

가장 최근의 공식통계자료인 2021년 일반계 고교 여학생 대학진학률은 81.6%로 남학생(76.8%)보다 4.8%p 높다. 위 표에서 보다시피 일반계 고교만 본다면 이미 2000년도에도 여학생들의 대학진학률은 1.2%p나 높다. 다음 표에서 확인할 수 있듯이 이 현상은 전국적이다. 17개 시도 모든 지역에서 여학생들의 대학진학률이 남학생들보다 높다.

2021학년도 일반계 고교 졸업자 성별 대학 진학률

구분	졸업자(남)	졸업자(여)	진학자(남)	진학자(여)	진학률(남)	진학률(여)
서울	31,038	29,460	19,671	20,244	63.4	68.7
부산	9,636	10,056	8,266	8,788	85.8	87.4
대구	8,895	8,652	7,387	7,773	83.0	89.8
인천	9,840	9,164	7,800	7,633	79.3	83.3
광주	16,350	6,176	5,467	5,376	86.1	87.0
대전	5,969	5,564	4,876	4,746	181.7	85.3
울산	4,193	3,990	3,720	3,652	88.7	91.5
세종	1,395	1,493	1,089	1,175	78.1	78.7
경기	50,533	47,817	35,766	37,179	70.8	77.8
강원	5,465	5,542	4,456	4,650	81.5	83.9

역사를 만든 여의사들

구분	졸업자(남)	졸업자(여)	진학자(남)	진학자(여)	진학률(남)	진학률(여)
충북	5,028	4,917	4.335	4,383	86.2	89.1
충남	7,675	7,515	6,238	6,438	81.3	85.7
전북	7,356	7,185	6,039	6,075	82.1	84.6
전남	6,023	6,101	5,145	5,429	85.4	89.0
경북	8,720	8,671	7,824	7,863	89.7	90.7
경남	12,718	12,415	10,820	11,189	85.1	90.1
제주	2,731	2,304	2,090	1,853	76.5	80.4
[전국]	183,565	177,022	140,989	144,446	[76.81]	[81.6]

2000년 이래 점점 격차가 늘어나며 계속되었으니 분명 40세 초반까지의 여성들은 남성보다 고등교육을 더욱 많이 받았다. 그들이 성장하여 이미 40세 중반으로 진입했다. 어느 해 갑작스런 변화가 나타나는 것은 아니므로 여학생고교졸업자의 대학진학률은 그 전에도 수년간 비슷한 성향을 보이다가 2000년에 역전된 상황이므로 이점도 고려해야한다. 결국 이미 40대 여성들까지도 남성보다 고등교육을 더 받은 상황임을 분명히 직시해야 한다. 더 이상 여성의 능력에 대한 심각한 고려가 없이 한국의 미래를 생각할 수 없는 현상이다. 이는 최근의 성별갈등에 대한 사회적 고려와 우리 사회의 성평등 사유 패러다임을 바꾸지 않으면 안되는 객관적인 증거다. 어린 시절 가정에서 불평등 경험을 겪지 않은 당당한 딸들의 약진에 주목한다. 우리 사회도 저출산 시대 능력 있는 고학력 여성들의 약진에 준비할 필요가 있다. 이들은 앞으로 더욱 더 빛을 발할 것이며 사회 변혁의 주체가 될 것이다.

그러나 사회진출의 직업전선에선 사뭇 다르다. 여성 고용률이 조금씩 증가하나, "직업을 가지는 것이 좋다"고 생각하는 여성은 90% 가 넘는데 2023년 경제활동참여율은 남성 73.3%, 여성 55.6%다. 남성에 비하면 차이는 17.7% 다. 40대 초반 여성까지도 고등교육을 더 받았음에도 불구하고 격차는 무척 크다. 고용률을 살펴보자. 2023년 15-64세 여성 고용률은 61.4%, 남성이 76.9%다. 2024년 통계에서 괄목할만한 관찰은 상기한 바대로 여성교육의 놀랄만한 약진의 사회적 변화가 반영되었다는 사실이다. 사회의 어려운 상황 가운데서도 30대 초반 고용률이 2010년 대비 큰 폭(18.3%p)으로 증가했다는 점이다. 또한 30-40대 여성의 고용률 저점이 2010년 30대 초반(53.0%)에서 2023년 30대 후반과 40대 초반(64.7%)으로 바뀌었다. 여성인력의 중요성은 점점 더 커지고 있다.

여전히 여성에서 비정규직이 차지하는 비율은 남성의 그것보다 높아서, 2023년 여성 임금근로자(1,002만7천 명) 중 정규직 근로자는 54.5%(546만2천 명), 비정규직은 45.5%(456만5천 명)이고 남성의 경우 남성 임금근로자(1,192만7천 명) 중 정규직 근로자는 70.2%(837만 명), 비정규직은 29.8%(355만7천 명)로 정규직 비율이 높다. 2023년 여성의 시간당 임금 수준은 남성의 71%로 동일노동에 대한 남녀 동일임금은 아직 요원하다.

한편, 참정권을 행사하는 여성들이 늘고 있다.[22] 2012년 제18대 대

---

22 중앙선거관리위원회: 「대통령선거 투표율 분석」, 「국회의원선거 투표율 분석」, 「전국동시지방선거 투표율 분석」, 국가지표체계(2025.2.20). https://www.index.go.kr/unify/idx-info.do?idxCd=4268

역사를 만든 여의사들

통령 선거(투표율: 75.8%)에서 선거 역사상 처음으로 여성 투표율 (76.4%)이 남성(74.8%)보다 높았다. 여성대통령 탄생에 대한 여성의 열망이 높았다고도 해석할 수 있는 부분이 있다. 2014년 지방자치선 거에서는 남녀 투표율이 57.2%로 같았다. 2016년 20대 국회의원 선 거(투표율: 58.0%)에서는 남(58.8%)>여(57.4%)였다.

2017년 제19대 대통령 선거(투표율: 77.2%) 때 다시 여성 투표율 (77.3%)이 남성(76.2%)보다 높았다. 2018년 지방선거의 투표율은 전체적으로 60.2%이고 여성은 61.2%, 남성은 59.9 %였다. 2020년 21대 국회의원 선거는 전체 투표율이 66.2%였고 역시 여성 투표율 (66.7%)이 남성(66.3%)보다 높았다.

최근의 대통령 선거였던 2022년 제20대 대통령 선거의 투표결과 에서도 역시 여성 투표율(77.5%)이 남성 투표율(76.8%)을 0.7% 상회 한다. 특히 20대 후반(25-29살) 여성은 75.2%의 투표율로, 같은 연령 대 남성(66.2%)보다 8.9%나 높은 투표율을 나타냈다. 20대 초반(20- 24살)에서도 여성(73.4%)이 남성(70.0%)보다 3.4%, 30대 초반(30- 34살)에서도 여성(73.7%)이 남성(68.3%)보다 5.4% 높은 투표율을 기 록했다. 한국 사회의 변화와 미래예측을 위해서는 여성 선거참여율의 추이는 물론 여성의 삶의 변화를 잘 분석하고 주목할 필요가 있다.

그럼에도 불구하고 여성관리자 비율이 여전히 미미하다. 선거참 여는 높으나 인구의 절반을 차지하는 여성의 대의정치 참여는 여전 히 갈 길이 멀다. 국회 및 지방의회 의원 선거에서 당선된 의원 중 여 성 비율은 약간씩 증가추세이긴 하지만 30%도 크게 못 미치며 남녀동수로 가는 길은 역시 멀다. 2004년 17대 국회의원선거에서 비례대표의 남녀동수 개념(그 당시, 여성할당제로 불리웠다)이 도입되었다. 300명 전 국회의원 중 39명(13%) 여성국회의원이 탄생하여 처음으로 10% 벽을 넘어섰다, 2024년 치러진 22대 국회의원선거에서 60명의 여성국회의원이 탄생하여 처음으로 20%가 되었다. 2010년 센서스에서 여성인구가 남성인구를 추월하여 다수가 되어 있는 우리나라 상황에 대의민주주의에 도달할 50%는커녕, 여성할당제 30%도 아직 요원하기만 하다.

  2019년부터의 여성가족부 공식발표에서는 제외되어 정확한 통계를 알 수 없으나 마지막 여성가족부 여성주간 발표 자료인 「2018년 통계로 보는 여성의 삶」에 의하면 2017년 행정부 국가직 공무원 중 여성 비율이 처음으로 50%를 넘었다. 전문직종을 살펴보면, 2018년 여성 법조인은 26.1%, 의료 분야의 여성 비율[23]은 의사 25.4%, 치과의사 27.0%, 한의사 21.0%, 약사 64.0%였다. 여성가족부의 발표자료는 아니나, 행정부 국가직 공무원의 현황은 최근자료인 인사혁신처의 『2024년 인사혁신통계연보』[24]에 의하면 768,067 전체 공무원 중에 여성이 373,827명으로 48.7%에 달한다. 그러나 이는 오히려 2018년도 여성가족부의 발표자료보다 낮은 수치로 단순비교를 할 수는 없

---

23 보건복지부의 『2024년 보건복지통계연보』에 의하면 여의사 27.3%(37,600/137,698), 치과의사 28.4%(9,763/34,361), 한의사 24.1%(6,819 /28,233), 약사 64.8%(49,807/76,822)이다.
24 인사혁신처, 『2024년 인사혁신통계연보』, 2024.6. 발표.

역사를 만든 여의사들

겠다. 다만 2024년 「2024 통계로 보는 남녀의 삶」 발표에는 고위공무원에 관한 통계가 포함되어 있는데, 2023년 본부 과장급 여성 비율은 28.4%, 4급 이상 국가공무원 중 고위 공무원 비율은 11.7%로 지속적으로 약진하고 있음을 알 수 있다. 지방 공무원의 경우, 5급 이상 일반직 지방공무원 중 여성비율은 30.6%로 여성의 진출증가가 관찰된다.

법조인의 경우는, 국제변호사협회가 발표한 자료에 나와 있는 최근 통계[25]를 분석한 대한변호사협회 연구에 의하면, 2023년에는 국내에서 28,118명의 변호사가 활동하였으며, 그 중 8,269명(29%)이 여성이라고 한다. 의료인도 역시, 『2024 보건복지통계연보』에 의하면 2023년도 의료 분야의 여성비율은, 여의사 27.3%(여의사 37,600/전체의사 137,698), 치과의사 28.4%(여치과의사 9,763/전체치과의사 34,361), 한의사 24.1%(여한의사 6,819/전체한의사 28,233), 약사 64.8%(여약사 49,807/전체약사 76,822)로 꾸준히 증가추세를 보이고 있다. 아직 갈길이 멀긴 해도 여성이 꾸준히 약진하고 있다. 이와 같은 여성의 사회적 진출 발전이 시간이 흐른다고 그냥 주어진 것은 아니다. 많은 선각자들의 각성과 희생적 노력의 토대 위에 가능해진 것이다.

앞서 지적했듯이 1900년 첫 의사 김점동 이후, 대한민국 전체 의사는 2023년 시점 137,698명, 여의사 37,596명으로 27.3%에 달한다.[26]

---

25   국제변호사협회(International Bar Association) 자료: https://www.ibanet.org
26   보건복지부, 『2024년 보건복지통계연보』, 2024.12.27. 발표.

다음의 표는 보건복지부의 1995년도부터의 『보건복지통계연보』[27]에 근거하여 공식기록이 남아 있는 1955년도 부터의 의사수와 성별통계를 2000년도까지는 5년 간격으로, 2000년도부터는 매년의 통계와 가장 최근 공식자료인 2024년 12월 27일에 발표된 『2024 보건복지통계연보』의 통계를 통합하여 필자가 작성한 1955-2023년도의 성별 면허의사 수를 나타내는 통계표다.

우리나라 1955-2023년의 성별 면허의사 수

연도 Year	총계 Total				의사 Physicians			한지의사 Conditionally qualified limited physicians		
	계 Both sexes	남 Male	여 Female	여/총계 비율(%)	계 Both sexes	남 Male	여 Female	계 Both sexes	남 Male	여 Female
1955	6,141	5,539	602	9.8	5,435	4,838	597	706	701	5
1960	7,765	6,780	985	12.7	7,064	6,084	980	701	696	5
1965	10,854	9,186	1,668	15.4	10,464	8,800	1,664	390	386	4
1970	14,932	13,146	1,786	12.0	14,404	12,638	1,766	528	508	20
1975	16,800	14,560	2,240	13.3	16,260	14,044	2,216	540	516	24
1980	22,564	194,94	3,070	13.6	22,074	19,028	3,046	490	466	24
1985	29,596	25,542	4,054	13.7	29,151	25,122	4,029	445	420	25
1990	42,554	36,327	6,227	14.6	42,458	36,238	6,220	96	89	7
1995	57188	46,997	10191	17.8	57,096	46,911	10,185	92	86	6
2000	72,503	59,742	12,761	17.6	72,411	59,656	12,755	92	86	6
2001	75,295	61,744	13,551	18.0	75,203	61,658	13,545	92	86	6
2002	78,609	64,165	14,444	18.4	78,517	64,079	14,438	92	86	6

---

27 보건복지부, 1995년도-2024년도까지의 각년도 『보건복지통계연보』, 보건복지부 홈페이지 (https://www.mohw.go.kr/) 참조.

역사를 만든 여의사들

연도 Year	총 계 Total				의사 Physicians			한지의사 Conditionally qualified limited physicians		
	계 Both sexes	남 Male	여 Female	여/총계 비율(%)	계 Both sexes	남 Male	여 Female	계 Both sexes	남 Male	여 Female
2003	81,328	66,373	14,955	18.4	81,248	66,299	14,949	80	74	6
2004	81,998	66,223	15,775	19.2	81,918	66,150	15,768	80	73	7
2005	85,369	68,518	16,851	19.7	85,289	68,445	16,844	80	73	7
2006	88,214	70,143	18,071	20.5	88,139	70,074	18,065	75	69	6
2007	91,475	72,216	19,259	21.1	91,400	72,147	19,253	75	69	6
2008	95,088	74,559	20,529	21.6	95,014	74,491	20,523	74	68	6
2009	98,434	76,618	21,816	22.2	98,360	76,550	21,810	74	68	6
2010	101,443	78,499	22,944	22.6	101,371	78,433	22,938	72	66	6
2011	104,397	80,411	23,986	23.0	104,332	80,348	23,984	65	63	2
2012	107,295	82,284	25,011	23.3	107,221	82,216	25,005	74	68	6
2013	109,563	83,409	26,154	23.9	109,500	83,352	26,148	63	57	6
2014	112,476	85,072	27,404	24.4	112,407	85,009	27,398	69	63	6
2015	116,045	87,442	28,603	24.6	115,976	87,378	28,598	69	64	5
2016	118,765	88,962	29,803	25.1	118,696	88,898	29,798	69	64	5
2017	121,638	90,743	30,895	25.5	121,571	90,681	30,890	67	62	5
2018	123,173	91,156	32,017	26.0	123,106	91,094	32,012	67	62	5
2019	126,795	93,653	33,142	26.1	126,724	93,586	33,138	71	67	4
2020	129,294	95,050	34,244	26.5	129,242	95,002	34,240	52	48	4
2021	132,065	96,736	35,329	26.8	132,013	96,688	35,325	52	48	4
2022	134,953	98,461	36,492	27.0	134,901	98,413	36,488	52	48	4
2023	137,698	100,098	37,600	27.3	137,647	100,051	37,596	51	47	4

* 1995-2024년도까지 매년의 『보건복지통계연보』를 참고하여 필자가 통합, 작성
* 사망자는 제외된 수

　　현 의대생의 약 35%가 여학생이니 앞으로 더 많은 알파걸 여의사
들이 등장할 것이다. 더욱이 의대를 지망하는 여학생 비율이 증가

하고 있다. 다음은 2021년도 전국의대 합격생 통계를 집약한 『에듀진』[28]의 통계자료로 앞으로의 여의사들의 수는 급격히 증가할 것이다.

2001-2021년 전국 의대 입학자 중 여학생 수 및 비율 비교

구분	2001	2003	2005	2007	2009	2010	2011	2012	2013
여자 입학생 수	1,067	1,085	682	407	435	469	397	455	468
여자 입학생 비율	33.2%	35.2%	28.0%	25.9%	27.0%	29.2%	25.7%	29.6%	28.3%
전체 입학자	3,218	3,082	2,436	1,569	1,613	1,608	1,544	1,535	1,656
전국 의대 수	41개교	41개교	39개교	38개교	28개교	28개교	28개교	28개교	26개교

구분	2014	2015	2016	2017	2018	2019	2020	2021
여자 입학생 수	499	706	791	876	934	1,031	1,046	1,088
여자 입학생 비율	30.5%	30.0%	33.4%	33.9%	35.3%	33.9%	34.2%	35.1%
전체 입학자	1,637	2,352	2,365	2,584	2,644	3,042	3,058	3,099
전국 의대 수	26개교	36개교	36개교	36개교	36개교	37개교	37개교	38개교

　1970년부터의 의대 입학생 성별분포를 살펴보면 여학생의 의대 입학 비율 증가 경향은 더 두드러진다. 다음 통계에서 나타나듯이 1998년까지는 의대의 여학생이 30%를 못 미치는 상황이었으나 여학생의 비율은 이미 20여 년간 30% 이상에 달하며 곧 전체 여의사의 비율은 총 의사수의 30%를 넘을 것으로 예상된다.

---

28 『에듀진』 2021.9.27. 「여의사 많아진다. 2021년 의대여학생 입학생 1,088명 역대최다」 기사, 의학전문대학원의 통계는 제외되었음에 유의해야 한다. 의학전문대학원은 2005년도에 2개교를 시작으로 기존 의과대학이 전환을 시도했으나 2022년도까지 대부분의 의학전문대학원이 다시금 의과대학교로 전환되었다.

1970-2000년 전국 의대 입학자 중 여학생 수 및 비율 비교

구분	1970	1975	1980	1985	1990	1995	1996	1997	1998	1999	2000
여학생	136	189	264	594	583	779	826	870	924	1,016	1,202
여학생 비율	12.1%	14.3%	14.1%	19.3%	20.1%	26.2%	26.2%	27.5%	28.1%	30.6%	38.6%
전체 학생수	1,121	1,318	1,873	3,074	2,896	2,975	3,151	3,165	3,287	3,322	3,113

1886년 한국의 근대 여성교육이 시작되고 1898년, 여권통문, 여성 권리선언을 하며 교육권을 달라고 외치던 시기에서 약 1세기 만에 남성을 추월하고 있다. 미래의 희망이다. 각 분야 여성의 약진이야말로 대한민국의 미래 발전의 원동력이 될 것이다.

2장

조선 의녀醫女와
김점동 이후 여의사

세계에서 가장 오래된 직업이 무엇일까? 결론적 답은 조산사(산파)다. 조산사라는 직업(놀랍게도 여성의 직업이다)이 이 세상에서 가장 오래된 직업이라는 데 학계는 이견(異見)이 없다. 그러나 한번 생각해 보자. 출산을 돕는 것은 두 생명을 동시에 살리는 의학적 역할이다. 인류의 긴 역사 속에 의사, 조산사 직업들이 분화하기 훨씬 전 예전에는 여성의 출산을 돕는 역할을 그 마을에서 출산을 도운 경험이 많은 어른 여성, 즉 산파 혹은 조산사가, 또는 가족 중 어른(할머니)이나 친정엄마, 시어머니, 친척, 친지 여성들이 수행했을 것이다. 인류가 태어나고 출산이 거듭되며 조산 역할이 과학과 의학발전과 더불어 의학의 전문 영역으로 발전했을 것이다.

사료로 보면 서양에는 고대 그리스와 로마에도 산파, 조산사는 등장하고 성경에도 나온다. 동양에서는 중국 송대 의학서 『태평혜민화제국방(太平惠民和劑局方)』(1110년 편찬)에 산파 용어가 등장하고,

우리나라에도 산할머니, 산파들의 용어로 발전되어 이미 이조시대인 1706년(숙종 32년) 『전록통고(典錄通考)』에 산파에게 급료를 지급한다는 규정이 있다. 특히 조선시대 의녀들의 역할 중 가장 중요한 역할이 산파의 역할이었다고 많은 문헌에서 지적하고 있다.[29] 산파가 새 생명의 탄생과 산모의 생명과 안전을 다루는 조선시대 여성의 전문직이었음을 짐작할 수 있다. 여성들이 관여한 조산의 영역이야말로 여성 및 미래세대 건강과 직결된 실로 중요한 의학의 영역이다. 그 이후 의학화(medicalization) 되면서 산과가 남성들이 관여하는 영역화되었고 현대에서는 산부인과, 그중에서도 온갖 중환자 임산부와 태아의 문제를 한꺼번에, 두 생명을 함께 고려하며 돌봐야 하는 산과 세부전공 영역이 되어 날로 발전하고 있다.

여의사관련 제도권의 발전을 논의하고 있는 이 글에선 우리나라 여의사의 시작이라고 할 수 있으며 드라마 '대장금'으로 친숙해진 조선시대의 의녀제도를 잠시 고찰해 본다. 개화기 여의사 출현 전 의녀제도는 태종 이후 조선왕조 전 시대를 통해서 지속하였던 의료제도이고 우리나라 의학사상 그 의의가 컸으며 여성사에서도 중요한 부분을 차지한다.

이 글이 역사학적 기록을 바로잡는 데 있지 않으므로 자세한 고증과 고찰을 모두 할 수 없었다. 수십 편의 논문들과 책들을 섭렵하였으나 여의사의 역사에 대한 기록이 의녀는 물론이고 근대사, 현대사 모

---

29   이현숙, 『산파에서 조산사로 – 한국 출산문화의 변화』, 국사편찬위원회, 2017, 6쪽.

두 논문마다, 책마다 일치하지 않은 부분들이 적지 않았다. 언젠가 정확한 고증에 입각한 사료들이 연구되고 정리되길 바라며 이 글이 하나의 동기가 되었으면 좋겠다.

1. 의녀醫女제도

조선 이전 역사에는 의관 또는 의원이 남녀를 차별하여 진료했다는 기록이 없다. 다양한 사료들에 근거하면, 조선 건국 후 유학규범을 강조하며 남녀유별이 문제가 되기 이전 시대에는 여성의 지위가 높았고 남녀를 불문하고 의학의 혜택은 비교적 고르게 받았을 가능성이 높을 것으로 추정된다. 1392년 조선 건국 후 정도전을 비롯한 신진사대부들은 위민, 민본 등 국민 보호를 강조하였다. 이현숙은 『한국의학사』[30]에서 의학으로 대표되는 '활인(活人)'이 조선의 이상적 정치철학인 '인정(仁政)'의 하나로 부각되었다고 설명한다.

이와 같은 상황에서 조선 건국 후 삼강오륜에서 유래한 '남녀칠세부동석'의 '내외법'이란 관습법이 만들어지며 양반 부녀자들이 남자 의원 진찰과 치료를 받지 못하고 죽는 일이 발생하자 부인들을 치료할 수 있는 의원의 필요성이 대두되었다. 『태종실록』에 의하면, 검교 한성윤(檢校漢城尹) 지제생원사(知濟生院事) 허도의 상소로 태종 6년(1406년) 서민들의 질병치료를 담당하였던 '제생원(濟生院)'에서 의녀를 양성토록 윤허를 받았다.[31] 허도의 노력으로 태종 6년에 의녀제

---

30 이현숙, 「4장 조선 전기, 국가중심의 의학 정립」, 『한국의학사』, 역사공간, 2018, 102쪽.

31 『태종실록』권 11 태종 6년(1406) 3월 16일 병오.

도가 창설되어 제생원에서 의녀를 양성하게 되었다. 이는 중앙의 의녀제도였는데, 17년 후 세종 5년(1423)에 또 다시 허도의 상소로 지방부녀자들도 의녀 진료를 받을 수 있는 의녀제가 확대 실시되었다.

허도의 상소 내용은 다음과 같다.[32]

> "부인이 병이 있는데 남자 의원에게 진맥하여 치료하게 하면 혹 부끄러움을 머금고 나와 그 병을 보여주길 좋아하지 않아 죽음에 이르게 됩니다. 바라건대 창고나 궁사(관아)의 어린 여자아이 열명을 골라 맥박과 침, 뜸의 법을 가르쳐서 이들로 하여금 치료하게 하면 전하의 생명을 아끼는 덕에 보탬이 될 것입니다."

조선초기에는 활인 철학에 입각, 양반 출신들이 의원진출이 두드러지고 특히 태종, 세종시대에는 백성들의 생명을 중시하는 의료제도를 매우 중하게 여기면서 의료제도 및 의학발달이 함께 이루어졌다. 세종시대에는 세종의 의학에 대한 특별한 관심에 힘입어 의녀제도가 발전하였다. 지방에서도 10세 이상 15세 이하의 관비를 뽑아 중앙에서 교육시킨 후 다시 본향으로 돌아가서 지방 여성들도 의료의 혜택을 받을 수 있도록 하였다. 이들 외방에서 선발된 의녀들은 먼저 『천자문』, 『효경』, 『정속편』을 가르친 다음에 서울로 보내오게 하였는데, 이것은 제생원에서 의방을 습득하기에 앞서 글자를 가르치기 위한 것

---

32   한희숙, 『의녀』, 문학동네, 2012, 15쪽 재인용.

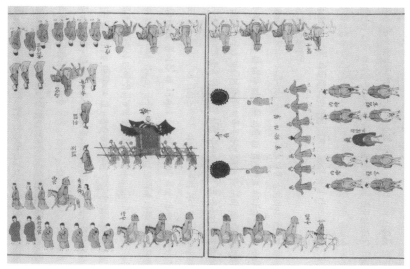

영조정순왕후가례도감의궤의 반차도 왕비가마 뒷쪽 양쪽 의녀들
(출처: 한국학중앙연구원, 한국민족문화대백과)

이었다. 세종 16년(1434년)부터 제생원 의녀들을 권장하기 위하여 1년에 두번씩 의녀들에게 미곡을 내렸다고 한다. 세종 당시 소비라는 의녀가 상을 받았던 기록도 있다.[33]

성종 9년(1478년) 2월에는 예조에서 의녀를 권장하기 위하여 여섯 조항을 계청(啓請)하여 성적에 따라 내의녀(內醫女)·간병의녀(看病醫女)·초학의녀(初學醫女)의 세 등급으로 나누어 권장의 법을 달리하였다.[34]

---

33   『세종실록』 권 17, 세종 4년(1422) 8월 9일 계사.

34   한국학중앙연구원, 한국민족문화대백과(http://encykorea.aks.ac.kr/).

계동 제생원(의녀교육원) 터 표지석
(출처: 필자 소장자료)

조선시대 의녀에게는 현대의 직업으로 보면 의사, 약사, 간호사의 혼재된 역할이 부여되었지만 본업은 치료와 간병, 더욱이 산파(조산사)로서의 기능이 중시됐다. 당시에 의녀는 남성의원의 보조역할을 수행한다는 특수성으로 유교적 관습이 점차 사회적으로 뿌리를 내리면서 중서계급에 속한 여자들은 이 업에 종사하기를 원하지 않게 되었다. 시간이 가며 점점 관비 중에서 비교적 영리하다고 판단된 동녀들을 선발하게 되었다.

제생원에서는 주로 부인과 및 산서를 가르쳤으며, 일단 후보로 선발되면 초학이라고 하여 학업에 전념케 했고 약 3년에 걸쳐 『천자문』, 『효경』, 『정속편』 등 책으로 글을 배운 뒤 『인재직지맥』, 『동인침혈침구경』, 『가감십삼방』, 『태형제국방』, 『부인문산서』 등 의서를 교육하였다. 더불어 기초교양으로 『사서』, 『논어』, 『맹자』, 『중용』을 공부하도록 했다고 한다. 인명을 다루는데 필요한 전문적 의술도 중요하지만 인간적 덕목을 갖춤이 무엇보다도 중요하다는 생각으로 우선적으로 의료인 자질을 중시했음을 알 수 있다. 당시 의녀들은 신분적 한계가 있었음에도 불구하고 여성으로 최고의 지식층이었을 것으로 여겨진다.

역사를 만든 여의사들

한희숙은 그녀의 저서 『의녀』[35]에서 의녀의 활동을 다음과 같이 정의하고 있다. 의녀의 의료행위는 주로 진맥, 침과 뜸, 약으로 나뉜다. 기본적인 의료지식은 모두 익혔겠으나 전문성에 따라 맥의녀, 침의녀, 약의녀로 구분되었다. 또한 특별히 우수한 의녀들이 궁중의 산실청, 호산청에 선발되어 왕비와 후궁들의 출산을 도왔다고 한다.

전세계적으로 선풍적 한류를 일으킨 드라마인 '대장금'은 성종(재위 1469-1494) 대의 피부질환에 일가견을 갖고 1480년대까지 활동한 제주 출신 '장덕'과 중종(재위 1506-1544) 대의 '(대)장금(기록에 1515-1544 활동)'을 동시대에 함께 출현하게 했던 픽션이 가미된 드라마다. 중종 대에는 내의녀 중에서 뛰어난 의녀를 골라 임금을 보살피는 어의녀로 삼았다. 특히 대장금은 중종이 승하하는 날까지 굳건한 신임을 얻으며 의료인으로서의 역할을 충실히 하였고, 조선시대 의녀 중 유일하게 임금의 주치의로서 중종이 마지막까지 자신의 몸을 믿고 맡긴 여의로 가장 많은 기록을 남기고 있다. 의녀의 기록은 구한말 고종 대까지 이어진다.

연산군 시절, 폭군이라는 나쁜 명성답게 의녀로 하여금 약방기생을 하도록 폭압하여 대부분 관비출신 의녀가 많았으며 명을 어기지 못하고 연회에도 차출되었다. 1510년(중종 5) 이후로는 의녀를 연희에 참가하지 못하도록 법률로서 수차에 걸쳐 엄금하고 의료의 본업에 돌아가도록 단속하였다. 통상 조선시대 의녀들에게는 정기적 급료도 주어

---

35   한희숙, 『의녀』, 문학동네, 2012, 57쪽.

지고 간헐적 포상, 훌륭한 의술을 펼쳤을 경우에는 면천하고 결혼도 할 수 있었다. 이제나 예전이나 한번 잘못되어 좋은 제도가 무너질 때는 속절없이 무너지나 다시 세우려면 상상을 초월하는 시간과 노력이 필요한 바, 연산군 후에도 상황이 쉽게 복구되지 못하였다. 그러나 연산군 직후 중종 대에는 어의녀가 된 대장금도 존재하고, 훌륭했던 의녀들의 다양한 역할이 조선왕조실록을 비롯해 기록으로 전해진다.

조선시대, 이 의녀들은 천류 출신이라는 전통적 습속에 얽매여 남성의 의관들과 같은 사회적 지위를 얻지 못했다. 갑신정변을 전후하여 개화의 새로운 사회현상과 함께 서양의학이 소개되고 제중원의 설립과 보구여관 등이 설치되며 현대적 의미의 여의사와 간호사, 약사로 분화되며 오늘날에 이르렀다.

히포크라테스가 이미 간파했듯이 "인생은 짧고 예술은 길다". 히포크라테스가 말한 예술은 바로 인간의 생명을 구하는 활인의 역할, 즉 인술인 의술을 뜻했다. 비록 출신은 양반이 아니었으나 의녀들은 사서삼경을 공부하였고 전문적인 의술, 진맥, 침과 뜸, 약제조, 출산을 돕는 조산의 역할까지 추가로 익혔다. 다양한 의료현장에서 공부하고 후학을 가르치며 특히 남녀유별한 유교사회 조선에서 여성들의 생명을 위한 의술을 펼친 의녀들의 존재는 의료사적 관점만이 아니고 한국여성사에서도 빛나는 자리를 차지하고 있다고 본다.

역사를 만든 여의사들

2. 김점동을 전후한 우리나라의 서양의학 교육

    다시 구한말 고종 시대, 김점동 삶 곁으로 가보자. 점동이 1877년 3월 16일 태어나고 8세 되던 1885년 4월 10일 서양의학 기관인 제중원(시작은 광혜원)이 알렌에 의해 문을 연다. 알렌은 제중원 시작 후 다음 단계로 조선인 의사양성을 위한 의학교 설립을 추진하였다. 알렌은 1885년 12월 1일 당시 미국 공사였던 폴크를 통해 '의학당' 설립을 조선 정부에 요청했고, 정부는 각 도에 공문을 보내 필요한 인재를 차출하여 선발시험을 치르게 되었다.

재동 제중원[36]

---

36   박형우, 『한국근대서양의학교육사』, 청년의사, 2008, 31쪽, 재동 제중원.

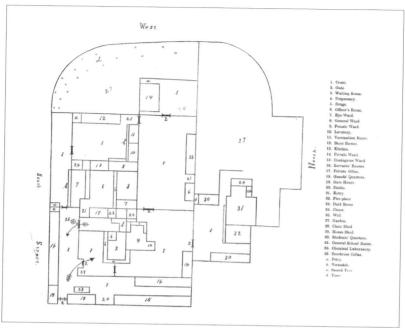

제중원 일차년도 보고서에 수록된 재동 제중원 및 제중원 의학교 배치도[37]

1886년 3월 29일 우리나라 최초의 의학 교육이 알렌, 헤론과 언더우드에 의해 정식으로 선발된 16명 학생들을 대상으로 시작되었다. 먼저 영어를 숙달시킨 뒤 수학, 물리, 화학 등 기초과학을 가르치고 이어 해부학, 생리학 임상을 가르쳤다. 그러나 쉽지 않은 과정으로 2년 정도 유지되다 의학교육기관으로서의 기능은 중단되었다. 분석

---

37 박형우, 여인석, 「제중원 일차년도 보고서」, 『연세 의사학』 3(1), 1999, 50쪽, 제중원 일차년도 보고서에 수록된 재동 제중원 및 제중원 의학교 배치도.

역사를 만든 여의사들

된 원인에는 여러 가지가 있으나 그중 하나는 상대적으로 긴 수학 기간이 부담이었는데, 조혼 풍속으로 인한 가정 가진 학생들이 수입 없이 장기간 낯선 공부에 전념할 수 없었다는 것이 큰 이유이기도 했다. 이후 초기 의학생 대부분이 관료로 입신하게 되는데, 이들은 당시 의사로서의 결실을 맺지 못하였지만 후에 공식적 의학교육의 밑거름이 되었다.[38]

1896년 4월 7일 서재필 주도로 창간한 독립신문은 위생의료 분야의 활동과 계몽을 위해 의학교 및 병원 설립 여론을 주도했다.[39] 독립협회는 1898년 3월 최초로 만민공동회를 개최했고 7월 만민공동회에서는 학부대신에게 서양의학을 배울 수 있는 의학교 설립을 정식으로 건의하기에 이른다. 11월 지석영은 학부대신에게 의학교 설립에 관한 청의서를 제출하고 의학교 교장으로 자신을 천거했다. 대한제국은 의학교 설립안을 곧바로 수용하여 1899년 3월 '의학교 관제'가 마련되었다. 1899년 9월 4일 50명으로 개교한 의학교는 3년제로 1902년 7월 졸업시험을 치렀는데, 19명이 통과하였으나 부속병원이 1902년 8월에야 개원하였으므로 의학생들은 실습을 마치고 난 1903년 1월 졸업식을 치르게 되었다. 또한 앞서 언급한 일본에서 서양의학을 공부하고 1900년 8월 2일 귀국한 김익남은 의학교에 교관으로 합류하여 의학교 교육을 주도하였고 후에(1901년부터로 추정)

---

38 박형우, 『한국근대서양의학교육사』, 청년의사, 2008.

39 신규환, 박윤형, 「의학교의 설립과 운용」, 『한국의학사』, 역사공간, 2018, 228쪽.

는 여가에 사저에서 환자를 진료하기도 했다고 한다.

1900년 10월 귀국 직후부터 의료현장에서 환자를 바로 진료하기 시작한 김점동(박에스더)은 우리 국민 곁의 진정한 활인의사로 고국에서 의사생활을 시작하였다. 남녀를 막론하고 환자를 돌보는 첫 한국인 서양의사였다. 다음 장에서는 김점동의 후예, 대한민국 여의사들의 발전사를 살펴본다.

역사를 만든 여의사들

3장

김점동, 그녀의 후예들

    1900년 첫 의사 김점동(박에스더)의 등장 이후, 1918년까지 한동안 여의사는 맥이 끊어져 있었다. 다만 같은 기간 남자들은 1886년 4월 10일의 제중원 의학당 시작과, 그 후 간헐적으로 연결된 교육, 1899년 9월 개교한 3년 속성과정의 (관립)의학교와 에비슨의 1900년 이후 정식 제중원 의학교육으로 이어졌다. 세브란스병원 의과대학(Severance Hospital Medical College)의 의학박사(Doctor of Medicine and Surgery)학위를 받는 1908년 6월 3일 첫 졸업생 7명이 탄생하며 본격적 정식의사들이 배출되기 시작했다. 여의사는 1900-1901년에 제중원 여의사 에바 필드가 여학교 학생 중 똑똑한 학생들을 교육하고자 2명을 제중원 의학당에서 교육했으나 졸업과 연결되지 못했다. 이후 1918년 경성의학전문학교의 청강생으로 4월 졸업한 후 의사면허를 받은 안수경, 김영흥, 김해지가 여의사로 활약하게 되었다. 같은 해 일본 동경여자의학전문학교를 7월 졸업한 허영숙이 귀국하여 의사면허시험에서 합격하고 연이어 배출되는 일제강점시절 여의사들 이야기부터 간략하게 살펴본다.

1. 일제 강점기 시대 의학교육과 여의사들의 활동

1910년 김점동(박에스더)의 사망 이후 1918년까지는 여의사들의 활동에 맥이 끊겼다. 제중원 의학당, 세브란스병원의학교와 (관립)의학교에서조차 초기에는 여성을 받지 않았다. 여성을 위한 공식적인 의학교육기관이 마련되어 있지 않은 상황에서는 의사가 되고자 하는 여성들은 외국, 주로 일본에 유학하여 의학을 공부하였다. 일본에는 1900년 시작된 동경여자의학교를 모체로 1904년 여자의사만을 전문으로 양성하는 4년제 사립의학교가 개교하였다. 이 의학교가 발전하여 1912년 동경여자의학전문학교가 되었다. 꿈많고 능력이 출중했던 여러 여성들이 일본에 유학하여 동경여자의학전문학교를 졸업하였다. 1945년 대한민국이 독립되는 8·15 해방 전까지 모두 59명으로 동경여자의과대학교 자료실 학적부에 기록되어 있다고 기창덕은 전한다.[40]

1900년의 김점동(박에스더) 이후 18년 만에, 1918년 다시 탄생한 한국 여의사들이 경성의학전문학교 졸업 안수경, 김영흥, 김해지 3명과 동경여자의학전문학교를 졸업한 허영숙이다.[41] 한국 내에서는 1914년

---

40 기창덕, 「의학계의 해외유학생」, 『의사학』 3(2), 171-201, 1994. 이 논문을 비롯 많은 논문들이 상이한 기록들이 많아 논문들 간 차이를 사실에 근거하여 철저한 고증을 한 후속연구가 필요하다.

41 첫 번째 일본 유학 여의사인 허영숙의 동경여자의학전문학교 졸업연도는 관련 논문들에서 1917년

조선총독부의원양성소(1916년 경성의학전문학교로 승격)에서도 로제타 홀의 간청으로 3인의 여학생(안수경, 김영흥, 김해지)이 청강생이 되어 1918년 졸업과 함께 자동으로 면허를 취득한 바 있다. 이들이 국내 의학교육기관에서 교육받고 의사가 된 최초 여의사들이다. 2부의 각 여의사 편에서 더 자세하게 살펴보기로 한다.

첫 번째로 일본 유학하여 공부한 여의사는 한국 근대문학의 대가인 이광수의 부인, 허영숙으로 1918년 7월 동경여자의학전문학교를 졸업하고 귀국하여 조선총독부 시행 의사검정고시[42]를 치른 후, 1920년 5월 조선에서 여의사들 가운데 처음으로 산부인과와 소아과를 표방한 영혜의원을 개원하였다. 다양한 논문의 졸업연도가 다르게 표기되어 있어서 오해의 소지가 발발할 수 있고 그를 지적한 논문[43]도 존재한다. 경성의학전문학교의 안수경, 김해지, 김영흥 3명 졸업 이후 기록이 연결되지 않아 한국에서는 여의사 양성이 경성여자의학강습소로 이어지기까지 시간적으로 간격이 있으므로 일본 유학으로 탄생한 여의사들의 자취부터 살펴본다.

과 1918년으로 다르게 기록되어 있다. 기창덕(1994)의 「의학계의 해외유학생」 논문에서는 1917년 졸업으로 되어 있으며, 이는 동경여자의학전문학교 학적부에 근거했다고 저자는 밝히고 있다. 그러나 춘원 이광수 관련 연구 및 여의사 관련 여러 논문들에서는 1918년 졸업으로 나타나고 있어, 이에 의거하여 1918년을 차용한다. 한편 『조선총독부관보』 제2195호(1919년 11월 28일자) 13면에 따르면, 허영숙은 1919년 10월 10일로 제348호 의사면허를 취득한 기록이 있다.

42 동경여자의학전문학교는 1920년부터 졸업생이 자동으로 면허를 취득하는 문부성 지정학교가 되어 이후 졸업생들부터는 별도의 의사검정시험을 치르지 않아도 되었다.

43 이영아, 「최초의 '국내파' 여성의사 안수경(安壽敬), 김영흥(金英興), 김해지(金海志) 연구」, 『의사학』 30(1), 101-144, 2021.

2. 일본 유학에 의한 여자 의사교육

　동경여자의학전문학교는 1918년 졸업한 허영숙 이후로 1919년 임행, 1920년 정자영, 1921년 현덕신[44], 1922년 박정, 그리고 1923년 송복신, 한소제, 길정희, 유영준[45], 1924년 이덕요, 1925년 전혜덕이 졸업했다. 한동안 졸업생 배출이 없다가 다시 1930년부터 졸업생들이 배출되어 모두 해방 전까지 59명 졸업생들이 나왔다.[46] 이들 가운데 이 책의 2부에서 김점동을 비롯한 9명의 초기 한국여의사의 삶을 각각 더 자세히 조명해 볼 것이다.

　두 번째로 많은 한국 여학생이 졸업한 학교는 1925년 창설된 제국여자의약전문학교다. 2차 대전 후 남녀종합대학인 동방대학이 된 이 학교는 동경여자의학전문학교보다 역사가 짧다. 장문경, 김용희, 문성 3명이 최초로 입학한 한국유학생이며 동시에 1930년 1회 졸업생이다. 해방 전까지 이 학교를 졸업한 한국 여성은 36명에 달한다. 김용

44　다양한 논문에 따라 현신덕, 현덕신 두 이름으로 표기되어 있는데, 다수의 논문에 의하면 현덕신이 맞을 것으로 사료된다.

45　전기한 기창덕의 논문(「의학계의 해외유학생」, 『의사학』 3(2), 171-201, 1994.)에는 동경여자의학전문학교 졸업생 중에 유영준의 이름은 없다. 그러나 그녀는 다수의 논문에 의하면 1923년 길정희, 한소제, 송복신과 함께 동경여자의학전문학교를 졸업했을 것이다. 로제타 홀이 일본을 방문했을 때도 미래를 함께 논의한 바 있고, 귀국 후에는 이화여전의 교의로도 활약하며 김종덕이 경성여자의학전문학교 건립에 거금을 기부하는 데에도 결정적인 역할을 한다.

46　기창덕, 「의학계의 해외유학생」, 『의사학』 3(2), 171-201, 1994.

희는 로제타 홀의 권유로 이 학교로 갔다 한다. 장문경은 1934년부터 서울 관훈동에 정화산부인과의원을 개업하며 장학사업도 하였는데 1983년에는 장문경 장학재단을 설립하여 교육사업에 많은 공헌을 하였다. 1942년 졸업한 최옥자는 1947년부터 교육계에 투신, 1961년부터는 수도여자사범대학장으로서 교육계에서도 활동하였다. 수도여자사범대학을 후에 세종대학교로 발전시켰으며 노년기에는 목사로, 화가로 활약하며 세종재단 이사장을 역임하였다.

오사카여자고등의학전문학교는 1928년 설립인가를 받아 1933년에 1기 졸업생을 배출한 학교인데 한국인 여성들은 초창기부터 진학하였다고 한다. 오사카여자의학전문학교는 1947년 오사카여자의과대학으로 개편되었다가 1954년 남녀공학인 관서의과대학으로 발전하였다. 더 많은 졸업자가 있을 것으로 짐작되지만 관서의과대학 동창회명부에는 1935년 박봉성을 필두로 1944년까지 6명의 명부가 남아있다.

3. 국내 여자 의학교육과 여의사들의 활동

제중원 의학교

1886년 16명의 학생으로 의학교육을 시작한 이래 제중원의학교는 세브란스병원의학교(Severance Hospital Medical College)로 불리게 되고, 1908년 6월 에비슨에 의해 조선 최초의 면허 의사인 첫 졸업생 7명을 배출하게 되었다. 이때 의술개업인허장(의사면허증)을 수여하며 시작된 의사면허제도는 1909년 (관립)의학교 졸업생들에게도 소급 적용되어 발부되기 시작하였다. 의술개업인허장은 1914년 새로 의사면허증 제도가 시작되기까지 144명에게 발부되었다고 박형우는 『한국근대서양의학교육사』[47]에서 전한다. 앞서 기술한 바와 같이 여의사 교육은 제중원과 이어지는 세브란스병원의학교에서 제중원 여의사 에바 필드가 1900-1901년 여학교 학생 중 똑똑한 몇 명을 교육하고자 2명을 제중원 의학당에서 교육했으나 졸업과 연결되지는 않았다. 결국 세브란스의대에서 첫 여의사 배출은 43회 졸업식인 1953년에야 뒤늦게 이루어졌다.

---

47   박형우, 『한국근대서양의학교육사』, 청년의사, 2008.

경성의학전문학교

1899년 (관립)의학교 설립으로 시작되어 1907년까지, 그후 대한의원 부속 교육부, 의육부를 거쳐 1909년 대한의원 부속 의학교가 되었다. 1910년 일제 강점기에 들어서며 조선총독부의원양성소(의학강습소)로 강제 강등당했다가 1916년 4월 정규전문학교로 정식인가를 받아 경성의학전문학교로 개칭되었다. 1914년 조선총독부가 우리나라 여성의학교육의 선구자인 로제타 홀의 건의를 받아드려 조선총독부의원 부속의학강습소 시기 조선여학생 안수경, 김해지, 김영흥 등 3명의 여학생을 청강생으로 받아들이고 이 3명의 여학생은 1918년 졸업과 동시에 의사면허증을 획득했다. 『조선총독부관보』 1918년 4월 1일자에 실린 경성의학전문학교 47인의 졸업자 명단에 안수경, 김영흥, 김해지의 이름이 실려 있다. 그리고 『조선총독부관보』 1918년 5월 18일자에는 이들 경성의학전문학교 졸업생들을 중심으로 의사면허 취득자 명단이 실려있다. 의사면허 번호는 안수경이 244번, 김영흥이 248번, 김해지가 251번이다. 국내파 여의사의 최초 등장이다.[48]

이후 1926년 경성제국대학 의학부가 개설되었다. 1925년에는 고수선, 윤보명이 총독부 경성의학전문학교를 졸업하였다. 일본 동경여자의학전문학교를 다니다가 경성의학전문학교에 편입하여 의사가 된

---

[48] 이영아, 「최초의 '국내파' 여성의사 안수경(安壽敬), 김영흥(金英興), 김해지(金海志) 연구」, 『의사학』 30(1), 101-144, 2021, 116쪽. 참고로 『조선총독부관보』 1919년 11월 28일자에 의하면 허영숙의 의사면허번호는 348번이다.

1918년 조선총독부 부속 경성의학전문학교 졸업(사진 왼쪽부터 김해지, 김영흥, 안수경)[49]

고수선은 독립운동뿐 아니라 고향인 제주에서 제주 여자청년회를 조직하여 신생활운동 등 사회사업, 여성운동을 하였다.

경성여자의학강습소

일찍이 1913년 로제타 홀과 메리 커틀러가 평양 광혜여원에 여성 의학반을 설치, 의사되기를 원하는 소녀들에게 기초교육과 실습교육을 시도한 바 있다. 1928년 동대문부인병원장이던 로제타 홀은 동경 여자의학전문학교를 졸업하고 귀국하여 동대문부인병원에 있는 길

---

49 이영아, 「최초의 '국내파' 여성의사 안수경(安壽敬), 김영흥(金英興), 김해지(金海志) 연구」, 『의사학』 30(1), 101-144, 2021, 118쪽.

정희와 상의하여 여자의사 교육기관 설립을 본격적으로 도모했다. 이화전문학교 교의인 유영준, 여의사 현덕신을 비롯해서 뜻을 같이 하는 이상재, 윤치호 등 각계 도움을 요청했다. 1928년 5월 19일 조선여자의학전문학교 창립총회를 갖고 1928년 9월 4일 경성여자의학강습소 개소식을 하였다. 소장 로제타 홀, 부소장 길정희로 시작했다. 장소는 로제타의 남편 윌리암 홀의 해주요양병원 간호사이던 선교사 엘라 루이스(Miss Ella Lewis)가 그 당시 은퇴하고 살고 있던 양옥 2층을 빌려 사용했으며 강습소 비용은 로제타 홀이 부담하였다. 당시 각 의학전문학교 한국인 의사들이 무료로 강의하였다.

1933년 9월 10일 오후 3시에 경성여자의학강습소 교우회 창립총회가 개최되어 교우회가 정식 창립되었다. 그 전에는 학생들로만 이

1928년 여자의학전문학교(강습소) 기성회 조직(『동아일보』 1928년 5월 21일자 기사)

교우회지 창간호(1934.7.28.)
(출처: 박순정 따님 이명희 소장자료)

루어진 학우회가 있었는데, 이를 계기로 학생들과 강사와 졸업생과 재학생 모두가 참석하는 교우회가 창립되었다. 다음 해 1회 졸업생들의 졸업을 앞두고 교우회가 창립된 것이다. 이어서 다음 해인 1934년 7월 28일 발행된 경성여자의학강습소 『교우회지』는 88쪽으로 창간되었는데 창간호 연혁[50]에 의하면 1928년 9월 4일 신입생은 모두 예과생 17명으로 개강식을 개최했다고 전한다. 1929년 3월 제2회 예과생을 모집하였다. 5년제(예과 1년, 본과 4년)로 학제를 정하여 1933년까지 6회 예과생을 모집하였는데, 1933년 로제타 홀이 은퇴를 하며 7월 1일자로 조선여자의학강습소 경영의 책임이 김탁원·길정희 부부에게로 인계되었다. 동시에 교사도 경성부 관철동 140번지로 이동하고 학교명도 경성여자의학강습소로 변경되었다. 1934년 7월 28일 교우회지 창간호 발행 당시의 학생수는 모두 49명으로 기록이 있다.

또한 1934년 6월 9일의 1회 졸업생 5명 중 박순정과 임용화는 1933년 이미 의사검정고시에 합격한 상황이었고 졸업 당시는 5명 졸업생 전부가 의사면허시험에 합격하였다. 그 5명은 강성자(姜聲子

---

50 『경성여자의학강습소 교우회보』 창간호 연혁(1934.7), 2쪽. 이 때는 이미 1회 졸업생 5명은 졸업한 상태로 특별회원으로 기록되어 있다.

26세, 경성여자고등보통학교 출신), 박순정(朴順婷 24세, 숙명여자고등보통학교 출신), 신무선(申戊先 27세, 정신여학교 출신), 이점학(李占鶴 24세, 개성호수돈여자고등보통학교 출신), 임용화(任龍化 28세, 동덕여자고등보통학교 출신)다.[51] 1934년 교우회지 창간 당시, 강성자는 경성적십자병원에, 박순정은 경성의 성대암정내과, 신무선은 대구동산병원,

경성여자의학강습소 학생들(1932.6.23.)
(출처: 박순정 따님 이명희 소장자료)

이점학은 해주구세병원, 임용화는 성대산부인과에서 일하고 있는 상황임을 교우회지는 전한다. 1회 졸업생과 재학생을 합치면 모두 49명으로 교우회지 창간호는 전한다.[52]

---

51   경성여자의학강습소, 『교우회지』 창간호, 1934년 7월 28일, 70쪽.

52   경성여자의학강습소의 1회 졸업식이 1931년으로 인용되어 있는 연구논문들이 다수 발견되지만 그는 1981년 길정희 『나의 자서전』의 28쪽에 '제1회 졸업식은 1931년 봄에 있었는데…'를 인용한 경우로 생각된다. 교우회지에는 연보가 자세히 기록되어 있는데, 이 곳에는 5명의 졸업생 명단과 출신학교, 졸업식 연월일이 1934년 6월 9일로 명기되어 있고 사진도 실려있다. 또한 박순정의 졸업증서에도 역시 졸업증서수여에 1934년 6월 9일로 되어 있어서 이 날짜가 정확하다. 길정희는 82세인 1981년 발간된 『나의 자서전』 머리말에서도 밝혔듯이 기억을 더듬어가며 글을 썼다고 했다. 물론 기록도 찾으며 정확을 기하려 노력했겠으나 기억에 의존한 부분일 수도 있겠다. 또한 경성여자의학강습소의 1회부터의 전체 학생수에도 길정희는 자서전에서 47명이라고 했으나 교우회보에서는 49명이다. 1회 졸업생이 길정희에 의하면 6명으로 박제동(朴濟東)의

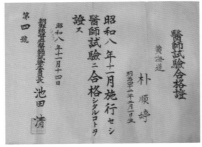

경성여자의학강습소 1회 졸업생 박순정 의사시험합격증(1933.11.14.)[53]과
경성여자의학강습소 1회 졸업생 박순정 졸업증서(1934.6.9.)(출처: 박순정 따님 이명희 소장자료)

　기록에 의하면 2회 졸업식은 2년 후인 1936년 6월 20일에 있었는데 3회 졸업, 즉 1938년 경성여자의학전문학교가 4월 8일 인가를 받기 전, 1937년에 졸업생이 있었을 가능성과 관련된 기록은 원전을 찾을 수 없었으나 길정희의 나의 자서전에는 3회 이후의 학생들은 경성여자의학전문학교에 편입되었다고 기록되어 있다.[54]

　2회 졸업식은 1936년 6월 20일에 거행되었는데 송경애(宋敬愛), 김금선(金今先), 이경신(李敬信), 오옥섬(吳玉蟾) 4명의 졸업생이 배출

　　이름이 기록되어 있는데, 박제동은 입학은 하였으나 정식 졸업은 안했을 가능성이 있다. 필자가 박제동의 이름을 『조선총독부관보』에서 의사면허 관련 찾아보았으나 그 이름은 없었다.

53　박순정의 의사시험합격증에는 증서의 일자가 1933년 11월 14일로 나와 있고, 증서 외의 박순정의 의사면허 관련자료는 1934년 5월 5일자 『조선총독부관보』에 게재되어 있다. 의사면허 번호 1312호로 의사면허 승인일이 1934년 4월 16일로 되어 있다. 그러나 당시 『동아일보』(1933.11.16.)와 『조선일보』(1934.6.1., 1934.6.10.)는 1933년에 이미 박순정과 임용화의 의사시험 합격을 전하고 있다. 박순정의 기록으로 미루어 볼 때 의사면허증 일자와 『조선총독부관보』 게재 일자 차이가 5개월 20여 일이나 되므로 허영숙의 면허 관련해서도 『조선총독부관보』의 일자와 실제 면허증 취득일에도 상당기간 차이가 있을 가능성도 있다.

54　길정희, 『나의 자서전』, 1981, 27쪽.

　　　　　　　　　　　　　　　　　　　역사를 만든 여의사들

되었다. 이들도 1935년 10월 송경애, 김
금선, 1936년 6월 이경신, 오옥섬 모두
졸업 전에 의사면허시험에 합격한 상태
였다.

교우회지 창간호가 88면이었던 것에
비해 제2회 졸업식 때는 교우회지 제2호
가 대간(代刊) 형식으로 짧게 12면으로
간행되었다.

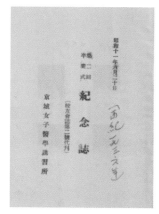

제2회 졸업식 및 기념지인
교우회지 제2호(1936.6.20.)
(출처: 박순정 따님 이명희 소장자료)

경성여자의학전문학교

로제타 홀이 1933년 선교사로 정년을 맞아 미국 고향으로 돌아가
면서 경성여자의학강습소는 길정희가 남편 김탁원의 도움으로 함께
맡게 되었다. 빌려 쓰고 있던 창신동 루이스 집이 선교사업건물로 전
용되는 결정으로 이사하게 되면서 종로구 관철동 410번지 태화관(중
국요리점)을 구입하여 강습소와 병원을 함께 운영하였다. 로제타 홀
이 귀국하며 감리교재단 지원도 종식되어 강습소 운영은 힘들어졌다.
여자의학전문학교로 승격시키는 방안을 강구하며 정구충 등 유지들
과 함께 1934년 재단법인 설립위원회를 발족하였으나 총독부의 반대
로 강습소 지속과 전문학교 승격 모두 어려웠다.

그러나 전라남도 순천 부호인 우석 김종익의 유언으로 당시로선

경성여자의학전문학교 입학식(1938.5.16.)(출처: 필자 소장자료)

파격적인 거액인 65만원을 기부받고 미망인 박춘자 여사가 10만원을 추가 출자하였다고 한다. 또한 주변의 기부금과 일본인 학생을 일정 수준 입학시킨다는 총독부의 요구조건을 수용하여 개교하게 되었다. 교사는 명륜동 국립 경성고등상업학교 건물개축 후에 사용했다. 1938년 4월 8일 인가를 획득하여 재단법인 우석학원이 설립되고 5월 16일 입학식을 거행하였다.[55] 이때 제1기 예과 입학생은 68명이었다, 다음 해부터는 60명을 선발하였다고 한다. 1941년 9월 1일에는 경성여자의학전문학교 부속병원이 혜화동 구 경성고등상업학교 부지에

---

55   경성여자의학전문학교 개교일이 1981년 발간된 길정희의 『나의 자서전』 37쪽에는 1938년
     4월 10일로 기록되어 있으나 『경성여자의학전문학교일람』에는 4월 8일 인가를 획득하고 5월
     3일 입학시험을 치르고 5월 16일 입학식을 치른 것으로 기록되어 있다. 필자는 입학식 날짜를
     5월 16일로 기록한다. 일람에는 4월 10일 날짜에 기록된 사항은 아무것도 없다.

역사를 만든 여의사들

경성여자의학전문학교 교문과 1940년대 경성여자의학전문학교 교정(출처: 필자 소장자료)

1940년대 경성여자의학전문학교의 강의 장면, 실험실 풍경, 임상실습 모습,
그리고 1943년 9월 14일 졸업식 연회를 담은 사진들이다.(출처: 필자 소장자료)

개원하고 정구충 초대원장이 취임했다. 전시 상황으로 1942년 9월 30일에 6개월 단축하여 제1회 졸업식을 거행했다.

대한민국 여의사 역사에 기념비적인 이야기들을 많이 담고 있는 조선여자의학강습소, 경성여자의학강습소와 경성여자의학전문학교의 발전과정에 일익을 담당했던 이들의 열정과 헌신을 모두 소개하는 것은 훗날을 기약한다. 1945년 8월 15일 해방과 함께 경성여자의학전문학교에도 변화가 왔다.

1945년 8월 15일 일본이 2차세계대전에서 항복함과 동시에 경성여자의학전문학교의 일본인 운영은 막을 내리고 바로 8월 16일자로 정구충 박사가 학장에 취임하였다. 원래의 설립 목적이던 한국 여성을 대상으로 한 의학교육의 중심에 서게 된 것이다. 해방 직후 1945년 9월 29일에는 제4회 졸업식을 성대히 거행하였다. 37명 졸업생에게 처음으로 우리말로 된 졸업장이 수여되었다. 일본인 재학생에게는

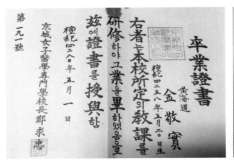

(좌측부터) 경성여자의학전문학교 5회 졸업생 김경실(필자 모친)의 1947년 5월 1일자 졸업증서(191호), 1974년 국가적 재교부 작업을 통해 다시 발급된 의사면허증(501호)과 전문의자격증(44호)이다. (출처: 필자 소장자료)

역사를 만든 여의사들

8월 15일부로 졸업장과 재학증명서를 교부하여 거취를 결정하도록 했다. 격동의 시기에 1946년은 졸업식이 없었고 5회 졸업식은 1947년 5월 1일 시행되었다. 미군정과 함께 여자의과대학으로의 학제개편의 시작이었다.

앞서 기술한 바와 같이 필자의 어머니와 이모는 모두 경성여자의학전문학교 3회, 5회 졸업생이다. 오직 딸만 있는 어머니로써 딸 둘 모

1943년 봄, 경성여자의학전문학교 교복을 입은
김경실, 김경신 자매의 모습과
학생 시절 자매와 어머니가 함께한 사진.
(좌측부터 김경실, 김봉애(필자 외조모), 김경신)
(출처: 필자 소장자료)

두를 경성여자의학전문학교로 진학하게 하여 여의사와 전문의로 성장하게 한 외할머니의 사랑과 격려가 필자의 오늘, 여의사의 역사에 각별한 관심을 더하게 한 동력이다.

1947년 10월 7일에는 여자의과대학으로의 승격을 원하는 동창회 개최 등 지속적인 노력의 결과, 1948년 5월 22일 드디어 서울여자의과대학 인가를 받게 되었다. 서울여자의과대학교는 1957년 남녀공학으로 개편되며 수도의과대학으로 개칭되고, 1967년 3월 1일에는 종합대학인 우석대학교가 되었다. 학교법인 우석학원은 거듭되는 재정난으로 1971년 12월 9일 학교법인 고려중앙학원과 병합하여 오늘의 고려대학교 의과대학이 되었다.

검정고시합격자

의학강습소에서 또는 독학으로 의학을 공부하여 의사면허시험(의사검정고시)에 합격, 의사가 된 여성들도 30여 명 있었다. 1918년 경성의학전문학교를 졸업한 안수경, 김영흥, 김해지는 졸업과 함께 자동적으로 의사면허가 부여되었고, 역시 허영숙을 제외한 1920년 이후 동경여자의학전문학교 졸업 여의사들도 면허시험 없이 의사면허가 부여되었다. 그러나 경성여자의학강습소 출신들에게는 이 경우가 해당되지 않았다. 1933년 의사검정고시에서 경성여자의학강습소 출신의 박순정, 임용화를 필두로 의학강습소 출신 21명이 합격했다. 독학으로 공부하여 응시, 합격한 여성은 김금선, 윤영은, 이인숙, 정남술, 김동숙[56] 등 7명이라 한다. 검정고시제도는 1946년을 끝으로 폐지되었다.[57]

근대 여의사들이 주로 담당했던 분야는 산부인과, 소아과였다. 여의사가 되는 과정도 힘들었지만 사회 편견은 물론, 가정과 일을 양립하는 어려움 역시 매우 컸다. 대단한 의지로 그녀들은 의료활동과 여성운동, 3·1 운동을 비롯한 독립운동, 사회계몽운동에 맹렬한 열정으로 참가하였다. 근대 여의사들은 여성과 미래세대 교육, 여성운동의 최일선에 서서 전문가로서 인술을 펼치며 생명을 구하고 나아가 사회와 나라를 구하는 운동을 펼쳤다.

한국의료사에서 여성이 차지하는 부분은 극히 일부로, 주된 연구는 남성 중심의 연구였다. 그간 근대화 시기 여성의학교육과 여의사에 대한 연구와 저서들이 맥을 유지해 왔으나 여성의료사 연구논문은 연구마다 인용에 있어 아직 철저한 고증되지 않은 부분들이 눈에 뜨인다. 앞으로 많은 연구자에 의한 본격적이며 체계적인 연구가 이루어져서 여성의료사가 근대는 물론 고대, 현대의 여성의료사까지도 제 모습을 드러낼 수 있기를 기대한다.

---

56 『동아일보』 1937.6.8. 「의강에서 여의 탄생」.

57 주양자, 남경애, 류창욱, 김신명숙, 홍예원, 『우리나라 근·현대여성사에서 여의사의 위상에 관한 연구 – 박에스더 이후 시대의 지도자로 활약한 여성의사의 사회활동을 중심으로』, 의료정책연구소, 2012, 42쪽.

4장
활인活人!
"지혜의 여성들이 대한민국을 구할 것이다."

우리나라는 1945년 2차대전이 끝나고 미군정 시기를 지나 한국전쟁을 치르면서도 현 대한민국의 모습으로 빠르게 발전해 왔다.

동시에 우리나라에서는 여의사로 시작된 여성 과학자의 발전이 의사뿐 아니고 여러 과학 분야로 다양하게 분화되었다. 의학, 한의학, 간호학, 약학 등의 의료 분야를 필두로 시작되어 나날이 통섭화와 세분화가 동시에 진행되어 생명과학(life science) 분야를 비롯하여 많은 여성 과학자들이 활약하고 있다.

개괄적으로는 이공계 STEM(Science, Technology, Engineering, Mathmatics) 영역에서 여성 과학자들의 약진이 두드러진다. 우리나라 여성과학자의 역사는 여의사로부터 시작되어 모든 과학 분야에서 여성 과학자들이 점점 더 두각을 나타내고 있다.

의학교육영역을 살펴보면 1945년 이후 80년 동안 6개의 의과대학이 40개의 의과대학이 되었고 한해 3,000여 명의 의사가 배출되고

역사를 만든 여의사들

있다. 1900년 첫 의사 김점동 이후, 대한민국 전체 의사는 2023년 시점 137,698명, 여의사 37,600명으로 27.3%에 달한다. 잠시 1945년 해방 이후를 개략적으로 살펴본다.

1. 1945년 해방이후 격동기 여성의학교육

1945년 8월 15일 일본이 항복함과 동시에 경성여자의학전문학교의 일본인 운영은 막을 내리고 바로 8월 16일자로 정구충 박사가 학장에 취임하였다. 원래의 설립 목적이던 한국 여성을 대상으로 한 의학교육 중심으로 돌아와서 발전하게 되었다. 해방 직후인 1945년 9월 29일에는 제4회 졸업식이 성대히 거행되었다. 37명 졸업생에게 처음으로 우리말로 된 졸업장이 수여되었다. 일본인 재학생에게는 8월 15일부로 졸업장과 재학증명서를 교부하여 거취를 결정하도록 했다고 한다. 미군정하의 학제개편의 시동이 되어 1946년 한해는 졸업 없이 넘어가고 5회 졸업식은 1947년 5월 1일 시행되었다. 1947년 10월 7일에는 여자의과대학으로의 승격을 원하는 의견취합을 위한 동창회 개최 등 지속적인 노력의 결과 1948년 5월 22일 서울여자의과대학 인가를 받게 되었다.

1945년 해방 당시, 즉 일제 강점기 말기까지 의학계 고등교육기관은 경성의학전문학교(1916년), 사립 세브란스연합의학전문학교(1917년), 경성제국대학 의학부(1926년), 평양의학전문학교(1933년), 대구의학전문학교(1933년), 경성여자의학강습소(1928년)에서 발전한 경성여자의학전문학교(1938년)로 6개의 의료교육기관이 있었다.

해방 후 미군정 시기, 미국식 의료체제를 받아들이며 의학교육이 6년제가 되면서 의학전문학교가 의과대학으로 개편되었다. 일제가 만든 관립 의학교육기관은 모두 폐지되고 대한민국 정부가 설립 주체가 된 새로운 의학교육기관이 서울, 대구, 광주에 세워졌다. 서울은 경성제국대학의학부와 경성의학전문학교가 폐지되고, 1946년 8월 국립 서울대학교의과대학이 설립되었다. 대구의학전문학교는 1945년 9월 대구의과대학으로, 광주의학전문학교는 1946년 9월 광주의과대학으로 세브란스는 6년제로 개편되면서 1946년 처음으로 예과 학생을 모집하였고, 1947년 세브란스의과대학으로 승격되었다. 경성여자의학전문학교는 1948년 5월 서울여자의과대학으로 승격되었다. 이화여자전문학교는 1945년 10월 이화여자대학교로 승격될 때 의학부와 약학부가 설치되면서 이화여자의과대학 시대를 열었다.

이화의대는 1886년 이화학당이 설립된 후 1887년 이화학당 내 개설된 보구녀(여)관(普救女館)[58]을 대학 역사의 뿌리로 삼고 있다. 로제타 홀이 1891년에 이화학당 학생 5명에게 처음으로 진료 조수 양성을 위한 여성의학교육을 실시했던 곳이 바로 보구여관이고 이화의대 동대문병원 전신이기도 하다. 이화여자대학교의료원은 개원 기념일을 보구여관에서 메타 하워드가 첫 진료를 시작한 1887년 10월 31일로 정해 매년 기념식을 거행하고 있다.

---

58 보구녀관(普救女館)으로 명칭이 시작되었으나 이화여자대학 의과대학과 이화의료원에서 공식적으로 사용하는 보구여관으로 칭하기로 한다.

1950년 한국전쟁이 발발한 뒤 문교 당국은 서울시내 모든 대학에 연합 단일대학으로 운영토록 하는 전시 특별 조치령을 내렸다. 1951년 1월 4일 부산으로 정부를 옮기며 정부기구 뿐 아니라 교육기관들도 본부를 지방으로 옮겼다. 전시 연합의과대학은 부산에서 1951년 2월 18일 처음 개강했고, 뒤이어 대구, 광주, 전주, 대전에도 연합대학이 설치되어 합동수업을 하였다. 의학교육도 합동교육을 하게 되었고 부산전시연합대학에 참여한 의과대학은 서울대학교, 서울여자의과대학, 세브란스의과대학 등이었다.

2. 한국전쟁 후 안정기로 들어서며…

    1948년 6년제 의대가 된 서울여자의과대학은 로제타 홀을 비롯한 여의사들과 국가발전을 도모한 조력자들의 도움으로 1928년 우리나라 여성의학교육의 시작이며 중심이 되었던 여자의학강습소에서 발전하여 1938년 경성여자의학전문학교 시대를 거친 결과물이었다. 명실공히 대한민국 근대사 여성의학교육 중심이었다. 그 후 서울여자의과대학교는 1957년 남녀공학으로 개편되면서 수도의과대학으로 개칭되었다. 1967년 3월 1일에는 국학대학과 산학원 인수과정을 거쳐 종합대학인 우석대학교가 되었다. 우석은 경성여자의학전문학교 창설에 지대한 공헌을 한 호남 부호 김종익의 호다. 학교법인 우석학원은 재정난으로 1971년 12월 9일 학교법인 고려중앙학원과 병합하여 오늘의 고려대학교 의과대학으로 발전했다.

    광복 후 한국전쟁이 끝난 1960년 이전의 우리나라 의학교육기관은 서울의대, 연세의대, 서울여의대(수도의대, 고려의대), 이화여의대, 경북의대, 전남의대, 가톨릭의대, 부산의대 등 8개교에 지나지 않았다. 이때까지만 해도 여성의학교육기관인 이화의대와 남녀공학으로 전환된 수도의대를 제외한 타 대학에서는 여학생을 찾아보기 어려울 만큼 극소수였다. 2025년 현재 전국의 의과대학수는 40개로 한해에 3,000여 명의 의사가 배출되고 있다.

3. 활인活人!
"지혜의 여성들이 대한민국을 구할 것이다."

　우리나라 개화기 근대화 시기에 김점동(박에스더)을 시작으로 생명을 구하려는 활인(活人)의 철학을 바탕으로 의업에 종사하겠다고 나섰던 선각자 여성들이 등장했다. 생명에 대한 사랑과 헌신의 마음은 처음엔 병들고 어려운 처지의 여성을 구하기 위해 시작하였으나 종국에는 국민 전체를 위한 인술이었다. 생명의 존엄성을 넘어 국민건강과 질병의 예방과 치료는 물론, 사회와 국가에 대한 깨우침으로, 나아가서는 3·1 운동과 여성운동, 독립운동에도 지대한 공헌을 했다.

　그녀들은 또한 대한민국 성평등 국가를 이루는데 행동으로 능력을 발휘했으며, 유리보다 더 견고한 돌천장, 철천장을 부수는데 21세기인 지금도 열정과 능력으로 고군분투하고 있다. 역사의 현장에서 가끔 현실에 맞서 일부 장벽을 부수기도 하였으나 여전히 우리의 현장은 슬프도록 힘들다.

　필자도 어렸을 때 열심히 노력하고 '일신우일신(日新又日新)'하며 '능대능소(能大能小)'한 실력을 기르는 것이 도산 안창호 선생님이 말씀하신 '힘을 기르는 것'이라고 믿었다. 사랑과 정성으로 최선을 다하며 열심히 살고 실력을 기르면, 하고 싶은 일을 잘할 수 있고 제대로 인정받는 줄 믿었다. 열심히 살았지만 대한민국에서 여성으로 사는 일이 얼마나 힘들고 절망과 좌절이 곳곳에 존재하는지, 필자의 지나온 인생이 바로 증거다. 젊었을 때 읽었던 이규태 선생님의 책 제목인 『됴선의 불쌍한 녀편네』들이 아직도 도처에 존재한다. 전문직이라고 크게 다르지 않다.

그러나… 필자 최대의 자산인 낙천성과 긍정적 삶의 태도로 아름다운 꿈을 매일, 매순간 다시 꾼다. 현실에서는 많은 순간이 실망이고 좌절이지만 실력이 힘일 것이라는 무지개 꿈과 믿음이 있다. 내가 이루지 못하면 나의 후예들이 이룰 것이라는 굳건한 믿음. 김점동의 후예로 내가 조금 몇 걸음을 온 힘을 다해 내딛은 것과 같이 우리 후배, 후예, 딸들은 더 빨리 더 앞서 달리기도 할 것이다. 김점동, 이소사, 김소사의 후예들이 곳곳에서 파열음이 나고 있는 이 좌절의 사회, 대한민국을 지혜로운 여성적 가치로 다시금 구할 것이다. 슬기로운 한국 여성들이 이 사회를 발전시켜 나갈 것이라고 계속 마음과 머리를 세뇌한다.

교육의 중요성은 아무리 강조해도 지나침이 없다. 무엇보다 1898년 여권통문을 통한 여성권리선언을 하고, 여성교육에 임금이 나서기를 상소로 호소하고, 자발적 기부로 여학교를 세우며, 행동으로 나섰던 북촌 양반집 여성들 이소사 김소사들의 여성권리선언과 교육에 대한 열정과 용기에 감동한다. 김점동(박에스더)을 비롯한 선각자 선배 여성들이 앞선 덕에 우리가 깨우쳤고 그들의 철학과 가치에 근거한 행동으로 우리가 이 자리에 서 있다. 이제 우리가 할 일은 더욱더 명백하다.

지혜의 여성들이 용기내어 과거의 언제나처럼 위기의 대한민국을 발전시키면 좋겠다. 생명을 구하는 활인의 정신으로 자신과 사랑하는 가족과 사회와 국가를 다시금 개혁하면 좋겠다. 사랑하는 우리 미래세대에 영원한 생명을 탄생시키는 신비와 사랑의 여성성과 모성으로…

역사를 만든 여의사들

제2부

12명의 초창기 여의사들

1장

초기 벽안碧眼의 여의사들

의료선교의 시작으로 서양의학이 조선에 도래한 것은 1884년 미국의 북장로교에 속하는 알렌의 입국이 그 시작이었다. 1884년 갑신정변 당시 민영익을 치료하며 1885년 제중원(광혜원)이 문을 열었다. 1884년부터 1940년대까지 한국에 파견된 의료선교사는 모두 195명이다. 이 중 미국의 선교부에서 파견된 선교사가 163명, 나머지 32명은 영국, 캐나다, 호주 선교부를 통해 한국에 왔다. 미국 선교부를 통해 한국에 파견된 의료선교사 중 남성은 89명(83명은 의사, 6명은 의료선교사), 여성은 74명(여의사 23명[1], 간호사 42명, 의료선교사 9명)이고, 기타 국가의 선교부를 통해 파견된 인원은 남성 17명, 여성 15명이다.[2]

---

1   남성의사 대비 여성의사의 수가 적어 보이지만 당시 미국 전체 의사 수에서 여성이 차지하는 비율이 1915년 3.6%, 1920년 5%라는 것을 감안하면 많은 미국 여의사가 조선에 입국하였다.

2   이현주, 「여성의사와 해외선교 – 19세기 말에서 20세기 초 내한 미국인 선교사를 중심으로」, 『이화사학연구』 63, 431–474, 2021, 436쪽.

1886년 미국선교회에서 한국에 최초로 파견한 여성의사인 미 북장로교의 애니 엘러스(Annie J. Ellers)를 시작으로 1888년 릴 리어스 호튼(Lillias Sterling Horton), 1895년에는 조지아나 화이 팅(Georgiana Whiting), 1897년 10월에는 에바 필드(Eva Field), 1897년 12월에는 메리 피쉬(Mary A. Fish)가 내한했다.[3] 감리교단에 서는 1887년 10월에 내한하여 보구여관에서 진료를 시작한 메타 하 워드(Meta Howard), 1890년 내한한 로제타 홀(Rosetta Sherwood Hall), 1893년 내한한 메리 커틀러(Mary M. Cutler) 등 많은 여의사 들이 이 땅에서 의료선교사로 헌신하였다. 한국에 마지막으로 파견된 의료선교사 여의사는 1937년 내한해서 이듬해까지 사역한 미북장로 교회의 바바라 젠소(Barbara Genso)였다. 북장로교에서 9명, 남장로 교에서 1명, 북감리교에서 11명, 남감리교에서 1명, 기타 1명을 포함 해 모두 23명이다.[4]

1897년 내한하여 전주예수병원을 세운 마티 잉골드(Mattie B. Ingold)를 비롯하여 여러 여의사들이 우리나라 지방 곳곳에서 의술을 펼쳤다. 여의사들은 환자들을 가리지 않고 치료하였으나 특히 당시 우리나라의 여성과 아동건강을 지키는 데 지대한 영향을 미쳤다. 미 국선교회에서 파견된 여의사가 23명, 다른 국가에서 파견되었던 여

---

3   1866년 애니 엘러스 입국 후 북장로교회에서 파견한 여의사는 모두 9명으로 기록되어 있다. 남 장로교회에서도 한명을 파견했는데 그가 바로 전주예수병원을 설립한 마티 잉골드다.

4   이현주, 「여성의사와 해외선교 - 19세기 말에서 20세기 초 내한 미국인 선교사를 중심으로」, 『이화사학연구』 63, 431-474, 2021, 437쪽.

의사 3명 모두 1886년부터 1937년까지 해외에서 파견되어 조선에 온 여의사는 모두 25명(총 26명에서 김점동 제외 숫자)이므로 이들 각자의 사랑의 행적이 앞으로 자세히 조명될 수 있기를 바란다. 이 글에서는 초창기 해외선교부에서 파견되어 삶을 헌신한 이들 25명의 여의사들 가운데 한국사회와 한국여성의 삶에 지대한 영향을 끼친 3명의 초창기 여의사선교사들인 애니 엘러스 (벙커)와 엘리어스 호튼 (언더우드), 로제타 셔우드 (홀)의 삶을 집중적으로 소개하려 한다. 1886년, 1888년, 1890년 조선에 입국한 순서로 기술한다.

역사를 만든 여의사들

1. 애니 엘러스 벙커
(Annie J. Ellers Bunker, 1862-1938)

애니 엘러스(Annie J. Ellers Bunker, 1862.8.31-1938.10.8)[5]는 1886년 7월 4일 제물포에 도착한 첫 여성의료선교사다. 제중원 설립 후 여성 환자들 치료를 위한 여의사의 필요성을 절실히 느낀 알렌이 지속적으로 미국 북장로교 교단에 여의사 파견을 요청하여 내한하게 되었다.

애니 엘러스는 장로교회 목사의 딸로 1862년 8월 31일 미국 미시건 주 버오크에서 태어났다. 8형제 중 한 명이었다. 1881년 일리노이 주의 록포드 대학(Rockford College)을 졸업하고 보스턴 의과대학(Boston University Medical College)에서 수학했다. 의과대학 시절인 1885년 가을 페르시아(현 이란)에서 휴가를 맞아 고향에 온 한 선교사를 만나 현지 이야기를 듣고는 페르시아 의료선교 지원을 하고 다음 해에 페르시아 테헤란의 여성병원 책임 의사로서의 준비를 하던

---

5   애니 엘러스의 생년에 대하여는 책마다, 글마다 1860년 혹은 1862년으로 다르다. 인용한 논문, 혹은 인용 원전에 따라 다른 것으로 사료된다. 그러나 기독교 사료 및 여러 연구논문의 예를 따라 1862년을 따르기로 한다. 엘러스 본인 기록에 의하면 1886년 7월 4일 조선입국 당시에 24세이므로 1862년이 더 사실일 것으로 보아야 할 것이다. 특히 정신여자고등학교 사료연구위원회의 이희천, 김혜경의 『애니 엘러스, 한국에 온 첫 의료선교사』, 2009, 73-74쪽에는 1926년 4월 25일 순종 인산일 즈음 직접 쓴 추모글에서 조선입국 당시가 24세라고 밝히고 있다.

중이었다.

졸업을 한학기 앞둔 의과대학생이었던 엘러스는 미북장로교 해외 선교부 엘린우드(W.W. Ellinwood)로부터 조선으로 의료선교를 가줄 수 있는지 뜻밖의 요청을 받았다. 거듭되는 간곡한 부탁에 졸업 6개 월을 앞두고 2년간만 조선에서 의료선교를 하고 돌아와 학위를 마칠 것이라는 조건 하에 조선 의료선교를 수락했다.[6]

조선에서 여성들을 치료한 첫 여자의료선교사

애니 엘러스[7]는 1886년 5월 22일 육영공원 교사로 부임하는 벙커 (D.A. Bunker), 길모어(G.W. Gilmore) 부부, 헐버트(H.B. Hulbert) 와 동행하여 미국을 출발하여 1886년 7월 4일 제물포(현재 인천)에 도착했다. 미공사관 옆에 위치한 알렌의 집에 거처를 마련하고 한편 으로는 언어를 열심히 배우고 다른 한편에서는 제중원에서 알렌과 헤 론[8]을 도와 의료선교를 시작했다. 또한 엘러스가 입국하고 명성황후

---

6   이희천, 김혜경, 『애니 엘러스, 한국에 온 첫 의료선교사』, 정신여자고등학교 사료연구위원회, 2009, 정신여고 설립 122주년을 맞아 친필편지 등 그동안 수집된 역사자료를 모아 정신여자고 등학교사교연구위원회에서 집대성하여 편찬, 발간한 책이다.

7   『국민일보』 2015.11.16., 2015.11.23. 이용민, 「첫 여성의료선교사 애니 앨러스」.

8   헤론(John W.Heron, 1856-1890): 1883년 테네시 의과대학을 수석으로 졸업하고 모교로부 터 교수직을 제의받았으나 의료선교사가 되기 위해 이를 거절하였다. 1885년 6월 21일 역시 선 교사인 부인 해리엇 엘리자베스 깁슨(Harriet Elizabeth Gibson)과 함께 제물포를 통해 조선에 입국하여 제중원에서 알렌과 함께 의료선교를 하였다. 1886년에는 정3품 통정대부 제수를 받고

민비(閔妃)가 경한 질환이 있어서 명성황후의 건강을 돌보기 위해 자주 입궐을 하였다는 기록이 있다. 당시 명성황후의 건강은 알렌이 직접 치료를 못하고 있는 상황에서, 엘러스가 명성황후의 시의로 임명받아 명성황후와 귀부인들을 치료하게 되며 1888년 1월에는 정2품 정경부인에 제수되었다. 엘러스는 한동안 명성황후와 궁중의 여성진료를 담당하였다.

엘러스의 도착으로 제중원 안에 부녀과가 신설되었고 여자들도 서양의술의 혜택을 받을 수 있었다. 한국 최초의 독립건물을 갖춘, 병원급 산부인과 진료는 제중원이 구리개[9]로 이전을 하면서 시설과 병실을 더 잘 갖추게 되며 본격 시작되었다. 구리개에서 엘러스가 부녀과 진료를 함으로써 1886년 11월 8일부터는 부인병원급으로 진료가 시작되었다. 이는 한국 산부인과의 역사에 큰 의미를 가진 역사적 사건으로 기억되어야 한다. 구리개로 이전한 건물에는 여성을 담당하는 부속건물이 있었고, 그 곳에는 6개의 침상이 있었으며 엘러스는 하루에 110명 이상 진료하기도 했다고 한다. 엘러스는 18개월 동안 제중원의 여의사로 재직하였다.[10]

내한 이듬해인 1887년 엘러스는 육영공원의 교사였던 벙커와 결혼

그 후 1888년에는 종2품 가선대부를 제수받았다. 알렌이 1887년 10월 참찬관 자격으로 미국으로 귀국하자 헤론이 제중원 2대 원장이 되었다. 1890년 7월 26일 순회진료와 전도활동 중에 얻은 피로와 이질로 34세의 젊은 나이에 별세하여 양화진에 안장된 첫 선교사가 되었다.

9 구리개는 현재의 을지로에서 명동에 이르는 언덕에 해당된다.

10 이희천, 김혜경, 『애니 엘러스, 한국에 온 첫 의료선교사』, 정신여자고등학교 사료연구위원회, 2009, 77-80쪽.

했으며, 1926년 은퇴하는 날까지 일생을 남편과 함께 선교에 바쳤다. 처음엔 미국 북장로회 선교사로 파송되었으나 1894년 남편인 벙커가 육영공원에서 배재학당으로 일자리를 옮겨 미감리회 선교사로 일하게 됨에 따라 부부가 함께 미감리회 선교사가 되었으며 이후 그는 남편을 도와 선교활동을 계속하였다.

애니 엘러스는 1887년 7월 5일 화요일 저녁 결혼식을 올렸는데 서울에서 열린 외국인들의 첫 결혼식이었다. 알렌 자택에서 결혼식이 진행되었고 길모어 목사가 주례를 섰다. 명성황후가 악단을 보내겠다 했지만 정중히 사양하였으나 엘러스를 좋아했던 명성황후는 시녀들을 파견하여 결혼을 축하하고 상황보고를 받았다. 엘러스에게 결혼선물로 주택을 하사했다. 결혼한 지 얼마 안되어 왕비는 엘러스에게 웨딩드레스를 입고 입궐하라는 전갈을 보내왔다. 엘러스가 왕비의 개인실 중 하나의 방에 안내되어 들어가니 왕비가 엘러스의 옷에 깊은 관심을 가지고 자세히 보았다는 기록도 있다. 명성황후의 질환을 치료하며 가까운 사이가 된 엘러스는 1888년 1월 6일에는 정2품 정경부인의 직첩을 받게 되었다.

여성교육에 헌신하는 삶

엘러스는 또한 한국에서 최초의 장로교 여학교를 세우는 업적을 남겼다. 이웃인 언더우드 목사는 1885년부터 자신의 집 건너편에 고아원을 마련하고 남자아이들을 데려다 키우며 가르치고 있었는데, 엘러

역사를 만든 여의사들

스도 제중원 업무를 하지 않는 날이나 언더우드가 바쁜 날에는 고아원에 가서 가르치기도 했다고 한다. 1887년 7월 선교사인 벙커와 결혼하기 직전인 6월, 다섯 살 난 여아(정례)를 집에 데려다가 글을 가르친 것을 시작으로 1888년 3월 12일 자신의 집에서 15세의 여학생 두 명으로 '정동여학당'이라는 여학교를 개교하고 당장(교장)으로 일했다. 조선인 보모가 함께 기숙하며 학생들을 챙기고 있었고, 그녀는 매일 이들을 가르쳤다고 한다.

1888년 3월 27일 미국 북장로교에서 여의사 릴리어스 호튼이 입국하자 엘러스는 의료 사역을 후임에게 인계하고 난 이후 거의 모든 시간을 여학교 교육사업을 위해 바쳤다. 공식적으로 한국 선교부에 등록된 서울 선교지부의 여학교였다. 이 학교가 발전하여 정동여학교가 되었고, 이 학교가 다시한번 이름이 바뀌어 정신(貞信)여학교가 되었다. 특히 애니 엘러스는 YWCA 창설에도 결정적 역할을 하였다. 한국 YWCA 운동에 깊은 관심을 갖고 그 창설을 도와 5천 엔을 창립기금으로 희사하였으며, 사업에 조언도 아끼지 않았다.

1926년 7월 4일 남편 벙커가 75세 목사직 만기로 선교사직을 은퇴하자 남편과 함께 미국으로 돌아가 캘리포니아에 거주하였다. 1932년 11월 26일 남편이 별세하자 남편의 유언에 따라 유골을 양화진에 안장하였다. 엘러스는 1937년 재차 내한하여 황해도 소래에 머물렀고, 이듬해 1938년 10월 8일 서울 정동 그레이하우스에서 별세하였다. 감리교 제3회 총회가 열리고 있던 10월 12일 정동제일교회에서 원한경(언더우드) 박사의 주례로 장례식을 거행하고 경성화장장에서

화장한 후 유골을 남편이 묻혀 있는 양화진 외국인묘지에 함께 안장하였다.[11]

　다만 조선의 요청으로 급히 오게 되는 바람에 정규대학을 졸업하고 다시 의료선교의 꿈을 갖고 진학한 의과대학의 마지막 학기를 졸업하지 않았다는 이유로 여러 사람들의 입방아에 오르지만 우리 사회에 여성과 어린이를 위한 초기 의료사업은 물론 교육과 여성운동에 그가 미친 영향은 실로 지대하다. 기록에 의하면 서울에 도착하자마자 바로 그날부터 제중원에서 부인과 진료를 시작했다고 한다. 즉, 1886년 7월에 제중원에는 여성들을 위한 산부인과가 우리나라 최초로 정식 개설된 것이다. 제중원의 특성상, 그를 이은 연세대학교의 특성상 여성의 진료가 특별히 강조되지 않았으나 이는 보구여관에서 메타 하워드가 내한하여 여성진료를 시작한 1887년 10월 31일에 앞선 사건임에 틀림없다. 애니 앨러스에 이어 릴리어스 호튼과 북장로회 여의사들의 계속된 내한으로 제중원과 세브란스병원에서는 산부인과가 지속적으로 존재해 왔지만 그에 대한 연구는 미미하다. 앞으로 애니 앨러스와 릴리어스 호튼을 비롯하여 북장로회 의료선교사 및 여의사들이 여성과 아동건강에 헌신한 내용에 관한 연구가 활성화되기를 바란다.

11　기독교 대한감리회 역사정보자료실, 감리교 인물 DB: 애니 엘러스 벙커(Annie Ellers Bunker, 1860.8.31–1938.10.8).

2. 릴리어스 호튼 언더우드
(Lillias Horton Underwood, 1851-1921)

릴리어스 호튼(Lillias Horton Underwood: 1851.6.21.-1921.10. 29.)은 애니 엘러스에 이어 1888년 북장로교 파견으로 한국에 온 의과대학 졸업 첫 여의사이다. 그는 자신의 전문적 활동 영역을 갖고 선교를 했으며 조선과 한국사회에 괄목할 영향을 미쳤음에도 불구하고 그의 전문가적 행적에 관해서는 주목받지 못했다고 여겨진다. 여러 가지 이유를 들 수 있겠다.

그 이유로는 첫째, 미국에서도 엘리자베스 캐디 스탠톤(Elizabeth Cady Stanton)과 같은 당대 여성 운동가들이 이미 당시에 지적했듯 1890년대에는 교회와 정치분야에서의 여성불평등이 선교회 안에 팽배해 있었다. 한국은 미국보다 더한 가부장적 사회였으므로 한국사회에서 여의사들의 활동가치가 과소평가 되었을 것이다. 둘째, 선교회 배경으로 보아 북감리교에는 독립적으로 '여성해외선교회(Women's Foreign Missionary Society of Methodist Episcopal Church)'[12]가

---

[12] 감리교여성해외선교회(Women's Foreign Missionary Society of Methodist Episcopal Church): 1869년 북감리교회의 여성 신도들이 WFMS를 결성했다. WFMS는 1869년부터는 인도를 시작으로 여성의사를 중국과 한국에도 파견했고, 인도, 중국, 한국에서 최초의 여성병원을 개원하기도 했다. 1900년도까지 전국적으로 40개의 여성조직이 존재했고, 3백만 정도의 여성이 활동했다고 한다. 출처: 이현주, 「여성의사와 해외선교 – 19세기 말에서 20세기 초 내한 미

있어서 북장로교 선교회에 비해 여성들의 활동이 좀더 자유롭고 독립적이었을 가능성이 높다. 따라서 북감리교 선교회 소속의 여의사인 메타 하워드, 로제타 홀과 스크랜튼 선교사 등에 비해 애니 엘러스, 릴리어스 호튼의 활동은 상대적으로 부각되지 않았다고 보여진다.[13] 셋째로 그가 언더우드와 결혼하여 언더우드 부인이 되는 바람에 그 자신의 행적은 언더우드의 업적에 묻혀 오히려 과소평가되었다는 점이다.

릴리어스 호튼의 성장과정

릴리어스 호튼은 미국 뉴욕 주 알바니(Albany)에서 태어났다. 그는 어릴 때부터 건강한 편은 아니었으며 심각한 습진도 있었다고 한다. 릴리어스 호튼의 아버지 제임스 M. 호튼(James Mandeville Horton, 1823-1908)은 철물, 철강 자재업 종사자로 호튼은 어린 시절을 비교

국인 선교사를 중심으로」, 『이화사학연구』 63, 431-474, 2021, 447-448쪽 인용.

13 강선미의 연구(강선미, 「조선파견 여선교사와 (기독)여성의 여성주의 의식형성」, 이화여자대학교 박사학위 논문, 2003)에 의하면 해방 이전까지 북미지역에서 온 선교사의 총 수는 1,187명인데, 여성은 그 48%에 해당하는 566명이었다. 여성선교사의 비율은 특히 감리교 선교부에서 높았다. 강선미의 통계에 따르면 해방 이전 미국 남·북 감리교 출신 내한 선교사의 전체 수는 462명이었는데, 그 가운데 여성이 296명으로 전체의 64퍼센트를 차지했다. 이것은 총 528명의 선교사 가운데 여성이 44퍼센트(234명)를 차지했던 미국 남·북 장로교 선교부와 뚜렷하게 대비된다. 감리교 여성선교사가 상대적으로 많았던 것은 그들이 독립적으로 활동할 수 있었기 때문이다. 장로교 여성선교사들은 독립된 조직 없이 남성 교권의 지배를 받았지만, 감리교 독신 여성선교사들은 독립된 예산과 조직을 가진 여성해외선교회(The Women's Foreign Missionary Society)에 소속될 수 있었다.

역사를 만든 여의사들

적 풍족하게 보냈다. 호튼은 고등학교를 졸업한 직후 병을 앓아 대학에 진학하지 못했으나 20대 말, 선교사의 소망을 갖게 되었다. 어머니 마틸다 맥퍼슨 호튼(Matilda McPherson Horton, 1825-1898) 여사가 젊었을 때 선교사를 꿈꿨으나 결혼으로 포기한 적이 있어 딸이 선교사가 되기를 희망했고 양가 친척들 또한 인도와 중국 등 해외선교에 관여했다고 한다.

의료선교에 대한 그의 관심은 인도에서 온 한 영국 여선교사(Miss Fagerneather)와의 만남에서 시작되었다. 이 인도 여선교사의 경험담에 감명받아 호튼은 의학을 공부해서 인도로 갈 생각을 하게 되었고 이를 위해 알바니 여학교(Young Women's Seminary in Albany)와 1887년 시카고여자의과대학(Medical College of Chicago)[14]을 졸업해 의사가 되었다.

시카고여자의과대학 재학시절 그는 이미 여성, 빈곤, 교육 부재 등의 문제에 관심을 갖고 빈민가에 거주하는 여성들과 어린아이들을 돕는 자원봉사에 참여하였다. 감리교 의료선교사로 1887년 10월 조선에 와서 보구여관을 시작한 메타 하워드(Meta Howard, 1862-1930)와 같은 대학을 함께 졸업하였다. 호튼은 졸업 후 쿡카운티 간호사양성학교와 시카고아동병원에서 일을 하며 1887년 인도 선교사로 임명되었다.

---

14 릴리어스 호튼의 출신 의과대학을 노스웨스턴대학교 의과대학(Northwestern University Medical College)으로 기록되어 있는 논문도 다수이지만 시카고여자의과대학이 맞다. 1859년 시카고여자의과대학(Woman's Medical College of Chicago)이 설립되었고, 노스웨스턴 대학의 명칭은 1891년 노스웨스턴 대학으로 병합되면서 이름이 변경되었다.

조선으로…

　당시 미국 북장로회 선교부는 한국에서 의료 선교사로 일하던 애니 엘러스가 벙커 선교사와 결혼한 후 여러 사정[15]에 의해 제중원을 떠나게 되면서 제중원 원장 헤론 선교사가 급하게 여의사 파송을 요청한 상황이었다. 이 때문에 인도 선교사로 내정되었던 호튼이 엘러스의 후임 한국 선교사로 임명되었다. 호튼은 1888년 3월 25일 제물포에 도착했고 3월 26일 경성에 입성하여 제중원 원장이던 헤론 부부 집에 거처를 마련한 뒤 그 다음 날부터 제중원 근무를 시작하였다고 한다. 엘러스가 담당하던 왕비의 주치의 역할도 하게 되었다.

　1887년 10월에 이미 조선에 와 있던 메타 하워드보다 10년 넘게 릴리어스 호튼이 연상이었지만 시카고여자의과대학 같은 학교를 1887년 동기동창으로 졸업한 사이다. 앞서 기술한 바대로 제중원 안에 '부인과'는 애니 엘러스가 입국한 날과 함께 1886년 7월 신설되었는데 구리개로 확장 이전한 후 같은해 11월 8일 부속된 단독주택에서 본격적으로 가동되었고 진료가 활발히 진행되고 있었다. 1886년 시작된 애니 앨러스의 제중원 부인과 진료 시작 이후에도 1888년 3월 15일 입국하여 3월 27일부터 진료를 시작한 릴리어스 호튼의 제중원 부인과와 1887년 10월 31일 메타 하워드의 입국과 동시에 시작된 보

15　알렌과 헤론, 언더우드의 갈등 안에서 엘러스도 복잡한 상황에 처하는 일들이 많았고 이 사실들은 선교회 본부와 이들의 편지 내용에서 드러나 있다.

　　　　　　　　역사를 만든 여의사들

구여관은 상호 긴밀하게 협조하며 여성진료에 나섰을 것이라 추측할
수 있다.

호튼은 애초부터 선교사로 헌신하는 동안 결혼할 생각이 없었으나
영아소동[16] 등의 어려움을 겪으며 언더우드 선교사[17]와 가까워졌고,
마침내 1888년 가을에 약혼하고 1889년 3월 14일 그와 결혼했다. 호
튼이 언더우드보다 여덟 살 연상이었다. 언더우드와 릴리어스 호튼은
결혼 후 신혼 여행을 이북 지방으로 갔는데, 조선 최초로 황해도와 평
안도 지방을 여행하는 외국인 부부가 되었다. 많은 외국인 선교사들
의 만류에도 불구하고 선교를 위한 여행이기도 했다. 북장로회 해외
선교부 총무 엘린우드에게 보낸 서신에서 자신들의 신혼여행에 대한
심경을 다음과 같이 보고하고 있다.

"물론 우리는 단순한 신혼여행으로 더 편안하고 짧은 여행을 할 수도
있고 아름다운 경치가 있는 산촌에 나아가서 즐거운 시간을 보낼 수
도 있었습니다. 그렇지만 그러한 여행은 우리가 오랫동안 계획한 선

---

16 1888년 6월 발생한 영아소동(Baby Riot)을 간략히 요약하면, 당시 영아들과 어린이 실종이 일
어났는데, 실상 일본과 청나라 상인들의 인신매매를 위한 납치로 인한 실종이었다. 외국인들이
아이들을 사서 잡아먹는다는 유언비어가 돌면서 반외국인 감정이 고조되고 유혈 폭동이 발생했
다. 서울에서 발생한 첫 반기독교운동이었다.

17 호레이스 그랜트 언더우드(Horace Grant Underwood, 1859-1916: 한국명 원두우): 1885년
4월 5일 입국한 미 북장로회 파송 목사. 1881년 뉴욕대학교를 졸업하고, 네덜란드 개혁교회 계
통의 뉴 브룬스윅(New Brunswick) 신학교에서 목사안수를 받았다. 선교사로 나가려고 하는 시
기 조선 선교사 지원하는 사람이 없음을 알고 지원하여 조선에 파송되었다. 입국 후 제중원에 근
무하다가 교육선교에 전념하였다. 언더우드학당을 만들어 운영하였으며 이 학교가 발전하여 경
신학교가 되었고 후에 연희전문학교 설립의 모체가 되었다.

교 여행이 아닙니다. 우선 여성도 한국의 내륙 깊숙이 여행할 수 있다는 사실을 제 스스로 보여주는 것은 아주 의미 있는 일입니다. 우리들은 이 문제를 놓고 함께 깊이 의논하고 기도했으며 이제는 하느님의 인도하심을 기다리고 있을 뿐입니다."[18]

신혼여행을 하면서 어려웠던 점은 어딜 가든지 이 신혼부부에게 호기심을 보이는 구경꾼들이었다고 한다. 그러나 이 부부는 이러한 호기심을 복음 전도의 기회로 삼았고 릴리어스 호튼은 동시에 많은 환자들을 진료하였는데, 이러한 활동은 결과적으로 사람들에게 선교사에 대한 긍정적 이미지를 심어줄 수 있었다.

결혼 이후에도 릴리어스 호튼은 제중원 부인과에서 하루 평균 6-16명의 여성 환자를 돌보았다. 제중원 학교에서 가르치는 일도 했다. 또한 애니 엘러스에 이어 명성황후의 시의의 역할도 수행하였고 원세개(袁世凱: 위안스카이) 부인의 주치의로도 활동하였다. 감염병이 창궐하는 상황에서는 임시치료소도 만들어 의료선교사들과 함께 최선을 다하여 치료에 임하였다. 이 때 진료소의 뜰에서 저녁마다 예배를 드리고 찬송가를 불러서 환자들도 그 소리를 들을 수 있었다. 호튼은 『언더우드 부인의 조선견문록』[19]에서 다음과 같이 말한다.

18 정미현, 「한국교회 초기 선교의 한 유형-릴리어스 호튼 언더우드를 중심으로」, 『신학논단』 80, 267-297, 2015, 271-272쪽.

19 Lillias Horton Underwood, 『Fifteen years among the Topknots, or, Life in Korea』, American Tract Society, 1904, 릴리어스 호튼 언더우드, 『언더우드 부인의 조선견문록』, 김철 옮김, 이숲, 2008, 317쪽.

"… 따라서 몸의 선교가 마음의 선교에 아주 효과가 있다는 것이 밝혀졌고, 씨앗은 멀리 그리고 널리 퍼졌다. 그 작은 씨앗이 얼마나 큰 열매를 맺을지는 오직 주님만이 아시니, 주님께서는 씨앗을 뿌리는 자 뒷날 그것을 보리라고 약속을 하셨다."

가부장적 유교적 관습에 사로잡혀 있던 한국에서 여성 선교사들이 가장 필요했던 이유 중 하나는 남성 선교사들이 일반 여성들에게 접근할 수 없었던 한국의 문화, 관습, 예절의 장벽 때문이었다. 특히 한국 여성들과의 접촉에는 독신 여성 선교사들이 가장 효율적이었다.

릴리어스 호튼은 1889년 11월에 제중원을 그만두게 된다. 그만두는 이유를 다음과 같이 기술한 것으로 보아 릴리어스는 의료선교사보다 복음을 전파하는 선교사의 활동을 더 선호했던 것 같다. 초창기 조선에서 활동하던 다른 선교 여의사들이 의료사업이야말로 위대한 의사인 예수님의 사업이라고 여기며 생명의 사업으로 여긴 것과는 차이가 있다.

"저는 기독교 사역과는 무관한 의료 사업에 매여 있을 필요가 없다고 봅니다. 저는 늘 이 점이 불만이었습니다. 저는 제가 하려고 온 일을 하지 못하도록 방해받는 현재 위치를 고수할 뜻이 없습니다. 만일 제가 잘못 안 것이 아니라면, 알렌 의사와 헤론 의사가 우리의 기독교 전도를 강력하게 반대했고 반대하는 비밀이 바로 여기에 있습니다. 곧 그들은 왕의 신임을 받는 왕의 주치의요 국록을 받는 고위 관리이며 정부 병원을 책임진 의사로서, 이를 유지하는 것이 마땅한 명예라고 생각합니다. 그러나 이것은 탈선입니다."[20]

호튼은 전도에 진심이었다. 왕비인 명성황후에게도 틈만 나면 전도하고 싶어했으나 성공하지는 못했다. 호튼은 의료에 임하면서 가장 흥미롭고, 가장 많은 열매를 거두었다고 여긴 것은 왕진이었다. 왕진이 전도에 가장 효과적인 방법이라고 생각했다. 왕진은 그에게 '마음으로 하고 싶은' 전도를 다른 사람에게 맡기지 않고, 직접 할 수 있는 길이었다.[21]

"저는 한국인의 집에 왕진 요청을 받아 가는 것에 큰 즐거움을 느꼈습니다. 진료소에서 의사는 보통 단순한 의사 역할만 해야 하고, 마음으로 하고 싶은 일은 대기실에서 일하는 외국인 선교사나 한국인 전도자에게 맡겨야 하지만, 가정을 방문하는 왕진에서는 환자와 그녀의 가족 그리고 자주 그녀의 많은 친구들에게 다른 방법으로는 다가갈 수 없는데 가까이 갈 수 있고 가장 효과적으로 다가갈 수 있습니다. … 저는 우리 여자 의사들이 전 사역 시간을 시내 왕진과 가까운 지방 여행에 보냈으면 좋겠다고 바랄 정도입니다."

---

20 송정연, 「릴리아스 호튼 언더우드(L. H. Underwood)의 선교사 정체성」, 『신학논단』 80, 207-235, 2015, 212쪽.

21 송정연, 「릴리아스 호튼 언더우드(L. H. Underwood)의 선교사 정체성」, 『신학논단』 80, 207-235, 2015, 215쪽.

우리나라가 일본에 강제 합방된 이후 호튼은 『The Korea Mission Field』의 편집 책임자로 일하는 등 문서를 통한 선교 활동에도 참여했다. 특히 잡지 편집을 통해 여성 선교 사역의 중요성과 역할을 알리는데 노력을 기울였다. 호튼 선교사는 언더우드 선교사가 별세한 이후에 『언더우드 전기(Underwood of Korea)』와 『언더우드 부인의 조선견문록: 상투쟁이들과 더불어 15년(Fifteen years among the Topknots)』 등 저술 활동에 노력하여 초창기 선교 상황에 대한 이해와 선교역사 정립에도 크게 기여했다. 그가 집필한 책들이 없었더라면 남편인 언더우드의 행적이 잘 알려지지 못했을 가능성도 있다.

릴리어스 호튼은 남편 언더우드가 미국에서 별세한 이후 5년간, 외아들 언더우드 2세가 한국 선교사로 활동을 하던 조선에 다시 와서 함께 살면서 남편의 활동 내용을 글로 정리하고, 번역과 문서 발간을 하며 지냈다. 1921년 10월 29일 70세에 서울에서 별세하여 양화진 외국 선교사 묘역에 묻혔다. 언더우드 가족으로서는 처음으로 양화진에서 안식하게 된 것이다. 1999년에는 남편 언더우드 선교사의 유해가 합장되었다.

3. 로제타 셔우드 홀(Rosetta Sherwood Hall, 1865-1951), 한국여자의사들의 어머니

　선의와 사랑의 마음으로 열정과 정성을 다하여 공동선을 위하여 사는 삶은 얼마나 아름다운가! 대한민국 근대여성의료사는 하느님의 사랑을 실천한 외국인 로제타 셔우드 홀에서 시작했다고 해도 과언이 아니다. 기원전 로마의 시인 베르질리우스가 이야기한 "사랑은 모든 것에 승리한다(Omnia Vincit Amor!)"와 같이 그녀의 삶은 사랑 자체였다. 미국인 선교 여의사 로제타 셔우드 홀(Rosetta Sherwood Hall: 1865.9.19.-1951.4.5)은 우리나라 여성의학교육의 길을 개척한 주인공이다. 그가 이 땅에서 지속적으로 강조했던 당시 미국선교부의 '여성을 위한 여성의 일(women's work for women)'이란 가치관을 갖고 우리 여성들과 함께 했다. 세상의 모든 여성이 자매이며 서로를 도울 수 있다는 연대의식을 평생 삶 속에서 실천했다.

　로제타 홀은 1890년 25세 처녀로 당시 미국에서도 흔치 않았던 의료선교사로 조선을 찾은 뒤 43년간 조선 땅에 머물며 조선 여성들의 건강과 교육을 위해 자신의 인생을 헌신한 여성이다. 그는 최초의 한국 여의사 배출을 포함하여 여의사 양성의 지평을 열어 '한국 여의사의 어머니'로 존경받고 있다. 또한 남편과 사별 후 미국으로 돌아갔을 때 뉴욕에서 점자교육을 직접 배운 후 다시 조선에 입국하였다, 1900년

로제타 홀의 젊은 시절과 노년(출처: 이화역사관)

평양 맹아학교를 개교하고 한국에서 첫 맹인교육을 실시하였으며 이후 농아학교까지 세워 특수교육 분야에도 헌신했다. 의료계에 남긴 공헌으로는 여의사 양성 만이 아니고 보구여관을 비롯하여 동대문 진료소, 제물포 진료소, 평양 광혜여원, 기홀병원 등 여러 병원을 개원하거나 설립에 기여한 점들을 들 수 있다.

무엇보다도 로제타 홀은 조선에 와서 가정을 이루었으나 그 가족 중 가장 사랑하는 남편과 딸을 이 땅에서 잃었다. 남편 윌리엄 홀(William James Hall)도 의사로 평양에서 청일전쟁의 부상자들을 돌보다 감염되어 사망하게 되었으며 딸도 평양에서 이질로 인해 사망했다. 아들 셔우드 홀도 역시 2대에 걸친 의사로 조선 땅에서 결핵병원을 세우는 등 결핵퇴치에 앞장서는 헌신을 하였다. 사랑하는 가족 2명을 조선에서 잃는 슬픔을 겪은 로제타 홀이지만 조선을 사랑하는 그의 마음은 이 땅에 뿌리를 내리고 꽃을 피웠다.

해외선교를 결심하며

　　로제타 홀은 1865년 9월 19일 미국 뉴욕주 설리번 카운티(Sullivan county)의 작은 마을 리버티(Liberty)에서 태어났다. 로즈벨트 렌슬러 셔우드(Rosevelt Rensler Sherwood)와 피비 길더슬리브 셔우드(Phoebe Gildersleeve Sherwood)의 여덟 자녀 중 일곱 번째 딸로 태어났다. 로제타는 16세에 학교 교사 양성교육기관인 뉴욕주 오스웨고의 스테이트 노멀 스쿨(State Normal School)[22]에서 공부해서 초등학교와 중등학교 교사 자격증을 취득하고 1886년까지 교편을 잡았다.

　　1886년 9월 로제타 셔우드는 미국과 세계 최초의 여의사양성기관인 펜실베니아여자의과대학(Women's Medical College of Pennsylvania)에 입학해 1889년 3월 14일 졸업하였다. 의사로 뉴욕 빈민가 시료원에서 일하기 위해 찾아갔는데, 이때 만난 진료소장이 바로 미래의 남편이 되는 윌리엄 제임스 홀(William James Hall)이었다. 해외선교에 마음을 두게 된 것은 로제타가 미국 북감리교 여성해외선교회가 발행하는 책자에서 메리 라이언(Mary Lyon)의 연설문을 보게 되면서였다. "인류를 위해 봉사하려면 아무도 가려 하지 않는 곳

22　스테이트 노멀 스쿨(State Normal School)은 초등·중등교육자 양성기관으로 미국에 전국적으로 분포한다. 1861년 Oswego Primary Teachers Training School로 시작하여 1913년 오스웨고 스테이트 노멀 스쿨(Oswego State Normal School)로 전환되었다가, 1942년 이 학교는 대학(Oswego State Teachers College)으로 승격되었고, 1948년에 뉴욕주립대학(The State University of New York at Oswego) 중 하나로 재탄생하여 오늘에 이른다.(출처: https://ww1.oswego.edu).

에서 아무도 하려 하지 않는 일을 하라"라는 이 글에 감동하여 해외선교를 택하게 되었다고 한다.

한편, 조선에서 보구여관을 설립하고 이끌던 여의사 메타 하워드(Metta Howard)는 많은 환자를 돌보면서 건강이 악화되어 미국으로 돌아갈 수 밖에 없는 상황이었기 때문에 로제타 셔우드의 조선행 해외선교가 진행되었다. 25세의 로제타 셔우드는 드디어 1890년 10월 13일 조선에 도착하게 된다.

로제타는 당시 조선 여성들의 어려운 사정을 알고 이런 상황에 대처하는 길은 조선의 여성에게 의학을 가르쳐서 여의사를 배출시키는 것이라 생각하였고 그 후 다방면으로 여의사 양성에 힘썼다. 로제타는 메타 하워드(M. Howard)의 뒤를 이어서 정동 이화학당 내 부인병원인 보구여관을 책임지게 되었고 여기서 이화학당 학생 5명을 조수로 쓰면서 의학을 가르쳤다.[23]

조선에 입국한 이듬해인 1891년 12월 15일 내한한 약혼자였던 캐나다 출신의 미국 선교사 윌리엄 제임스 홀(William James Hall)과 1892년 6월 27일 조선의 영국 공사관에서 결혼하여 로제타 홀로 불려지게 된다. 로제타 홀은 평양에서 선교활동을 하게 된 남편과는 임신 등으로 떨어져 살며 서울에서 일했다. 1892년 동대문에 신설된 볼드윈 진료소(Baldwin Dispensary)와 원래 맡고 있던 여성병원 보구여관에서 일하면서 동시에 이화학당에서 생리학, 약리 등을 강의하였다.

---

23   이화여자대학교, 『이화여자대학교 의료원보』, 서울, 1991.

로제타 셔우드와 윌리엄 홀의 결혼식(1892.6.27.) (출처: 이화역사관)

결혼 후 남편과 평양에서 여성들을 위한 진료를 계획하고 있던 로제타 홀은 1893년 11월 10일 아들 셔우드 홀(Sherwood Hall)을 출산했다. 아들 셔우드는 후에 조선에서 '크리스마스 씰(Christmas Seal)'을 발행하며, 해주에 폐결핵요양원을 개설해 한국폐결핵 퇴치운동에 큰 업적을 남겼다. 로제타가 셔우드 홀을 출산하고 시간이 조금 흐른 1894년 5월 4일, 로제타와 김점동(박에스더)은 제물포항을 떠나 고생 끝에 5월 8일 평양에 도착했다. 평양 관아의 박해가 가해지는 어려운 중에 잠시 환자를 돌보다가 동학농민봉기 등 어수선한 정치사회적 문제로 인해 다시 6월 11일 제물포로 돌아왔다. 평양이 청일전쟁의 전투장이 되면서 남편 윌리엄 홀은 10월 1일 평양으로 떠났고 10월 8일 도착하여 부상자 치료에 헌신했다. 그는 계속된

역사를 만든 여의사들

격무와 말라리아로 인해 다시 서울로 돌아오게 되었지만 발진티푸스 (Epidemic Typhus)까지 겹쳐 11월 19일 서울에 도착한 후 로제타의 지극 정성의 치료에도 불구하고 11월 24일 사망하였다.[24]

다시 미국으로

남편 사망 후 미국으로 돌아가기로 결정한 로제타에게 김점동은 자신도 데려가 달라고 간청하였고, 미국 선교부에 도움을 요청하여 김점동 가족도 함께 미국에 가기로 결정되었다. 1894년 12월 7일 임신한 상태의 로제타 홀은 아들 셔우드 홀과 김점동 부부와 함께 일본을 경유하여 미국으로 향했다. 샌프란시스코를 거쳐 뉴욕행 기차를 타고 1895년 1월 14일 로제타의 고향 리버티 집에 도착하였다. 미국에 도착하자마자 로제타는 딸 이디스 홀(Edith Hall)을 출산하였다.

1896년 9월 로제타는 뉴욕에 있는 국제의료선교회에서 일하게 되어, 김점동이 뉴욕에서 일하며 공부하는 동안 로제타 홀 집안의 일을 도와주던 박여선(김점동의 남편)과 자신의 두 아이들과 함께 뉴욕에 이주하게 되었다. 한국에서는 로제타 홀과 친지들의 도움으로 1897년 2월 1일 '윌리엄 홀 기념병원(일명 기홀병원)'이 평양에 개원하게 되

---

24 로제타 홀(김현수·문선희 옮김/양화진문화원 편), 「로제타 홀 일기, 1894년 12월 10일」, 『로제타 홀 일기 5(1893.11.10.–1902.11.10)』, 홍성사, 2017, 239–261쪽.

었다. 뉴욕에서 일하며 체류하는 동안 그는 점자 시스템 등 한국의 맹인들을 위해 특수교육 공부까지 했다. 로제타는 한국으로 돌아가서 계속 의료선교를 하기로 결정하고 아들 셔우드와 딸 이디스를 데리고 1897년 9월 6일 또다시 한국으로 떠났다.

로제타 셔우드 홀의 열정과 헌신

1897년 11월에 조선으로 돌아온 로제타는 서울 보구여관에서 환자를 진료하다가 1898년 5월에 가족 모두 평양으로 이주하였는데 가자마자 세 가족 모두 이질(shigellosis)에 걸려 딸 이디스를 잃었다. 슬픔 중에도 '기홀병원'의 프로젝트로 1898년 평양의 여성병원인 광혜여원을 개원하고 이어서 이디스를 추모하며 1899년 이디스 마거릿 어린이 병동을 개설했다. 미국에서 배운 맹인들을 위한 특수교육 공부를 바탕으로 하여 로제타는 평양에 맹인학교를 세우고 이어 외국인 학교도 설립했다. 1900년 1월에는 평양 맹인학교를 개교하여 맹인 소녀 4명을 가르치기 시작했다.

다시 조선으로 돌아올 무렵의 로제타 홀과
두 자녀인 셔우드와 이디스
(출처: 이화역사관)

　　　　　　　　　　　　역사를 만든 여의사들

1900년 김점동(박에스더)이 귀국하여 평양
의 로제타에게 합류하면서 이후 10개월간 로
제타는 가끔 모든 일을 에스더에게 맡기고 지
방 선교활동을 전개하기도 했다. 당시 로제타
가 에스더를 얼마나 믿음직한 동료로 의지하고
있었는지 로제타의 일기를 통해 확인할 수 있
다. 로제타가 무리한 진료활동, 특수교육에 대
한 모든 업무, 성경공부 등 격무와 딸 이디스를
잃은 슬픔으로 건강에 이상 신호가 왔고 선교

로제타 홀 일기[25]
(출처: 필자 소장자료)

부로부터 미국에 돌아가 휴식을 취하라는 결정이 내려졌다. 1901년
3월에는 에스더에게 모든 업무와 아들 셔우드까지도 맡기고, 요양을
위해 서울로 가는데 로제타는 결국 요양을 위해 안식년을 신청하여
1901년 6월 7일 미국으로 돌아간다.

맹인과 농아교육의 시작을 알린 선구자

이후 로제타는 미국에서 약 8개월간 요양원에서 치료를 받고 1903
년 메리 커틀러(Mary Cutler)와 마거릿 에드먼즈(Margaret Edmunds)
간호사와 함께 다시 한국으로 돌아온다. 1903년 감리교에서 운영하는

---

25 『로제타 홀 일기』는 총 6권까지 있다.

로제타 홀의 평양에서의 헌신
(출처: 이화역사관)

정신여학교에 맹인반이 개설되고 로제타 홀은 평양맹학교 교장으로 임명받는다. 이렇게 맹학교가 자리를 잡아가자 농아들을 위한 교육을 본격적으로 시작하였다. 1912년에는 남녀 공학인 평양농학교를 설립하였고 나아가 1914년 8월 로제타 홀은 동아시아 최초로 특수교육 전문가들의 국제회의를 조직하기에 이른다. 한국, 일본, 만주, 중국 본토에서 온 특수교육 전문가들이 평양의 모란봉에 모여 특수교육에 있어 각 나라의 풍습과 조건들의 차이점을 조사·연구하는 등 다양한 논의를 하였다. 후에 1926년 로제타 홀의 환갑연에서 특수학교 출신 학생이 하객들 앞에서 3개 국어로 축사를 했다.[26] 이와 같은 감동은 모두 로제타 홀의 헌신에서 비롯된 결과다.

한국 여의사들의 어머니

조선에서 여의사를 양성하는 일이 급한 일이라 생각했던 로제타 홀은 여러 여성들을 끊임없이 설득하여 의학 공부를 시작하도록 독려

---

26 박정희, 『닥터 로제타홀』, 다산북스, 2015, 502쪽.

했다. 시작은 보구여관에서 김점동을 비롯한 이화학당 학생들에게 초
보적 의학교육을 시작했던 일이었다. 김점동과 몇 친구들은 1890년
10월 24일부터 로제타를 도와 한국 여성 환자들 진료 시, 통역과 간
단한 치료 보조역할을 하게 되었다. 1891년 신학기 시작 전 겨울방학
부터 로제타는 자신을 돕는 김점동과 일본인 소녀 오가와에게 생리학
을 가르치다가 신학기부터는 다른 세 학생(봉순, 꽃님이, 여메레)에게
도 일주일에 한번씩 체계적으로 생리학 수업을 했다. 동시에 보구여
관에서 약을 조제하고 환자 돌보는 방법에 대해서도 지도하였다. 의
학교육의 시작이라고 볼 수 있는 교육이었다.

　1912년 보구여관이 동대문 릴리안 해리스 기념병원과 합치면서 보
구여관 담당자였던 메리 커틀러가 로제타 홀이 책임자로 있던 평양
광혜여원으로 파견되었다. 두 여의사는 의기투합하여 1912년 평양
에 간호사 훈련 학교를 만들고 조선의 여의사 육성을 위해 1913년 광
혜여원 부속 '의학강습반'을 개설하였다. '의학강습반'으로는 여의사
육성이 어렵다는 현실을 실감한 로제타 홀은 조선 남자들을 대상으로
전문적인 의학교육을 하고 있었던 조선총독부의원 부속 의학강습소
에 관심을 가지게 된다. 로제타 홀의 간곡한 부탁으로 1914년부터 조
선 여학생들이 남자학생들과 동일한 권리를 누리며 청강생으로 의학
교육을 받을 수 있게 되었다. 1916년 의학강습소가 경성의학전문학
교로 전환된 후 1918년 경성의학전문학교에서 3명의 여학생이 졸업
하여 의사면허증을 취득하게 된다. 안수경, 김영흥, 김해지가 바로 김
점동 이후 처음으로 배출된 조선 여의사들이다.

여성의학교육과 관련해서, 길정희를 비롯한 초기 일본유학생들과의 인연과 그후 조선여자의학강습소의 탄생, 경성여자의학강습소로 발전, 경성여자의학전문학교로 전환되는 등의 전개 과정은 길정희 장에서 좀 더 살펴볼 것이다. 다만 이 모든 사안의 기폭제가 되었던 사건은 1926년 로제타 홀의 회갑연이라고 볼 수 있기에 그 일을 살펴본다. 원래 회갑은 1925년이었으나 의학공부를 마치고 돌아오는 셔우드 홀 부부의 귀국에 맞추어 1년을 연기하였다.

1926년 11월 22일은 로제타 홀 회갑일 뿐만 아니라 조선에서 의료선교사로 일한지 30년을 기념하며 그와 친분이 있는 교회, 학교, 관청, 언론 관계자와 사회단체가 합동으로 명월관에서 회갑연을 열었다. 행사는 이화학교 교의로 일하던 여의사 유영준의 기념사와 여의사 현덕신의 기념품 증정, 그리고 하객들의 치하와 축하가 이어졌다. 홀은 이날의 후의에 답사를 하는 자리에서 "내가 여기에서 한 가지 제의할 것이 있는데 이는 조선의 여성계를 위해서 하려는 일로 여러분이 협력할 수 있을지요… (중략) …여자 학교와 공장에 다니는 여자를 위하여 공중위생기관과 여병원을 더 설치하는 것이 오늘날 가장 간절한 급무입니다. 그럴 것이면 현재 조선에 있어서 여의사가 얼마나 필요할 것입니까? 그런즉 우리 조선 안에 여자의학전문학교가 당연히 있어야 할 것이 아닙니까? 이 제의에 대하여 여러분은 어떻게 생각하나이까?"라고 조선의 여자의학전문학교 설립을 촉구했다.[27] 그

---

27 박정희, 『닥터 로제타 홀』, 다산북스, 2015, 459쪽.

역사를 만든 여의사들

이후 여러 매체를 통하여 여의사 양성교육의 필요성을 역설하는 기사들도 실렸다.

그 다음 해인 1927년은 로제타 홀의 안식년이었다. 미국에서 안식년을 보내고 돌아오는 길에 인도와 중국, 일본에 들러 여자의학전문학교들을 탐방하고 돌아왔다. 인도 여자의학전문학교 4곳, 중국 여자의학전문학교 2곳, 일본 여자의학전문학교 2곳을 견학하고 왔다.[28]

1928년 5월 14일에는 60여 명의 유지들이 모인 가운데 여자의학전문학교 창립 발기대회를 개최했다. 이어서 5월 19일에는 로제타 홀을 중심으로 여자의학전문학교 창립총회를 열었다. 먼저 소장에 로제타 홀, 부소장에 길정희를 임명했다. 17명의 학생들과 12명의 의사로 시작하였고 강습소의 경비 일체는 로제타 홀이 전적으로 책임졌다. 1928년 9월 4일 드디어 경성여자의학강습소가 개강했고 예과생 17명이 입학했다.

로제타 홀이 여자의학교육에 미친 영향은 직접적이고 지대했다. 로제타 홀 없이 의사 김점동(박에스더)은 없었을 것이고, 그 이후 1918년 국내 경성의학전문학교 청강을 통한 최초의 국내 여의사들 탄생 역시 마찬가지며 이어서 1928년부터 경성여자의학강습소 설립, 그 후 1938년 5월 경성여자의학전문학교 개교로 이어지는 여자의학교육체계가 자리잡는다. 이화여자대학교 의과대학도 그렇게 탄생했다.

---

28 박정희, 『닥터 로제타 홀』, 다산북스, 2015, 460쪽.

경성여자의학강습소 개강 기념식(1928.9.4.). 앞줄의 좌로부터 셋째가 로제타 홀, 여섯째가 김탁원,
뒷줄 좌로부터 첫 번째가 셔우드 홀, 다음이 아펜젤러와 부인(출처: 이화역사관)

43년간 봉사한 조선을 떠나며 개최된 로제타 홀 송별회(1933.10)(출처: 이화역사관)

역사를 만든 여의사들

로제타 홀 가족 방한(2000.10.6.). 뒷줄 맨 오른쪽 여성이 저자 안명옥(출처: 필자 소장자료)

양화진 외국인 선교사 묘역 홀가 묘역 앞에서 필자(출처: 필자 소장자료)

　필자는 개인적으로 2000년 10월 6일, 로제타 홀 내한 110주년을
맞아 손자, 손녀 가족들의 한국방문 때 함께 만나서 로제타 홀을 회상
하는 환담에 함께 할 수 있었다. 우연이긴 했지만 특별한 기억으로 남
아있다.

로제타 홀은 1933년 선교사로 정년을 맞아 68세에 미국의 고향으로 돌아간 뒤에도 조선의 문화를 전파했다. 1951년 4월 5일 86세로 영면했다. 한국을 사랑했던 그녀와 로제타 일가는 한국에 잠들고 싶다는 유언을 남겼다. 양화진 제1 묘역에는 로제타 셔우드 홀과 남편 윌리엄 제임스 홀, 아들인 셔우드 홀과 1991년 9월 19일 타계한 셔우드 홀의 아내 매리언 버텀리, 셔우드 홀의 쌍둥이로 태어난 날 죽은 형제 프랭크, 셔우드 홀의 여동생 이디스 마거릿 홀 등 홀 전 가족 6명이 잠들어 있다. 그녀의 기록인 『로제타 홀 일기』는 우리 근대화 시기의 여성과 의료 역사의 기록이기도 하다.

2장

초기 한국 여의사들

20세기로 들어서는 1900년 전후에 우리 사회와 여성들의 삶에 지대한 영향을 미친 12명의 여의사들을 소개하며 앞서 소개한 벽안의 여의사 3명에 더해 김점동을 시작으로 조선의 신여성 선각자 여의사 9명을 소개한다. 이번에 특히 12명 여의사의 이야기를 하는 것은 이분들을 필두로 많은 선각자 여의사들의 삶을 발굴하여 정리하는 여의사 인물전의 시작을 알리고 싶어서다. 예수님의 12사도(제자)들을 통해 가톨릭, 기독교 사상이 전파, 확산되었다는데 주목했다.

한국 여의사 역사의 시작이 되는 초창기 여의사들은 1900년 볼티모어 여자의과대학을 졸업한 김점동(1877-1910), 경성의학전문학교를 졸업한 안수경(1896-? 1947 이후), 동경여자의학전문학교를 졸업한 허영숙(1897-1975), 정자영(1896-1970), 현덕신(1896-1963), 송복신(1900-1994), 길정희(1890-1990), 유영준(1890-? 1962 이후), 한소제(1899-1997) 들이다. 이 분들의 삶을 추적하며 수 많은 그 때의 기록들, 당시 어법의 투고들과 많은 기사들, 관련 서적들, 논문들을 읽으며 필자의 생각이 깊어졌다. 모든 분들의 삶이 각각 별도의 위인전으로 편찬해야 할 빛나는 내용들이었다. 후속 작업을 통해 시간이 허락한다면 이번에 소개하지 못한 분들의 자료정리는 물론, 더 깊은 연구를 하고 싶은 소망이 샘솟았다. 초창기 치열하게 삶을 개척했던 자랑스러운 아홉 분 여의사들을 소개한다.

역사를 만든 여의사들

1. 김점동(박에스더, 1877-1910), 최초의 한국 서양의학 의사

1900년 서양의학을 정식으로 공부하여 의사자격증을 가지고 현장에서 우리 환자들의 치료를 시작했던 한국 최초의 의사는 남녀를 막론하고 여의사 김점동(박에스더, 1877.3.16.-1910.4.13)이다. 한국 여의사의 역사는 근대화 이후 여성 사회진출에서 중요한 역사성을 지닌다. 여의사라는 직업은 여성으로 드물게 존중받는 이상적 전문직이었다. 첫 한국인 서양의사 김점동의 탄생은 이후 다양한 분야의 여성 과학자들로 분화되었으며 현재 첨단과학에 이르기까지 여성들의 약진이 진행되고 있다.

앞서 머리글에서 지적했듯이 서재필이 미국 콜롬비안 대학교 의과대학(현 조지 워싱톤 의대)을 졸업하고 의사가 된 해가 1892년, 8년 후 1900년에 우리의 첫 여의사 김점동이 귀국하여 바로 환자들을 진료했다. 서재필은 독립운동을 비롯 훌륭한 대의(大醫)였으나 우리나라에서 환자를 진료하지는 않았다. 일본에서 유학하고 1900년 김점동보다 2개월 앞서 귀국한 김익남도 한동안 병원이 채 세워지지 않은 신설 의학교 교관으로 일했다. 결론적으로 우리나라 최초로 환자를 돌보는 의사는 서양의 4년제 의대교육을 마치고 돌아와 진료를 시작한 김점동이라고 말할 수 있다.

매년 12월 월말에 발표되는, 가장 최근 자료인 『2024년 보건복지 통계연보』에 의하면 2023년 시점 전체의사수는 137,698명, 이 가운데 여의사는 37,596명으로 27.3%에 달한다. 2024년도 초, 의료대란 바로 직전 1,000명 이상의 여의사가 또 배출되었을 것이므로 2025년 현 시점에는 39,000여 명의 여의사가 국민건강을 돌보고 있다.

김점동의 출생과 이화학당, 보구여관(普救女館)과의 인연

김점동은 1877년[29] 3월 16일 서울 정동에서 광산 김씨 김홍택과 연안 이씨의 4녀 중 셋째딸로 태어났다. 점동은 아버지 김홍택이 1885년 내한한 미국 선교사 아펜젤러(H.G. Appenzeller)의 집에서 일하게 된 인연과 집안 사정[30] 등이 겹치며 1886년 5월 문을 연 이화학당의 4번째 학생으로 11월 합류하였다. 당시 아펜젤러는 1885년 9월부터 집에서 2명의 학생을 가르치고 있었다(배재학당의 시작). 같은 시기 내한하여 이웃에 살던 감리교 선교사인 의사 스크랜튼(William B. Scranton, MD)[31]의 어머니 스크랜튼(Mary E. Scranton, 1832-1909)

---

[29] 김점동의 생년에 대하여는 여러 저술에 1876년, 1877년, 1879년 등 다양하나 미국 생활 중 본인 작성 기록인 센서스의 기록에 생년이 1877년이므로 이를 근거로 1877로 표기한다.

[30] 김점동의 집안에서는 딸만 셋 있는 집안에서 넷째 딸이 갓 태어나며, 숙식이 해결되고 교육의 기회가 있는 이화학당에 1886년 11월, 9살 된 셋째딸을 입학시켰다.

[31] 스크랜튼(William Benton Scranton, 1856-1922): 한국명 시란돈(施蘭敦), 1885년 5월, 미국 북감리교회에서 한국에 파송한 의료선교사로 내한직후에는 제중원에 근무하였고, 후에 서울 시

여사는 1886년 5월경부터 이화학당을 시작하였다. 선교사들의 생활과 서양문물을 지켜본 김흥택이 딸 점동을 입학시킨 것은 자연스러운 결정이었을 것이다.

딸만 셋 있던 김점동의 집안에서 넷째 딸(또 여동생)이 태어나자, 숙식이 해결되고 교육의 기회가 주어진 이화학당에 아홉 살된 셋째 딸을 1886년 11월 입학시키게 된다. 김점동의 근대식 교육은 이렇게 시작되었다. 김점동이 처음 아버지와 함께 스크랜튼 여사를 만난 날의 일화를 이방원[32]은 저서 『박에스더』에서 다음과 같이 전한다.

> "김점동이 아버지의 손에 이끌려 스크랜튼 대부인을 처음 만난 날은 몹시 추웠다. 그녀는 스크랜튼 대부인이 난로 가까이 앉으라고 불렀을 때, 한번도 본 적 없었던 난로 속으로 자신을 집어넣을 것 같아 무서워했다. 서양인에 대한 무서운 소문을 들었을 10살의 점동이는 처음 보는 서양인인 스크랜튼 대부인에 대해, 그리고 가족과 떨어져서 살아야 하는 앞으로의 생활에 대해 두려워했다. 그러나 얼마 지나지 않아 스크랜튼 대부인의 친절한 마음을 느끼게 되면서 그녀와 학교를 진심으로 사랑하게 됐다. 이제 김점동은 부모로부터 떨어져 스크랜튼 대부인의 여학교에서 선교사의 교육을 받으며 성장하게 됐다."

병원과 아현교회, 상동교회, 동대문교회 등 설립하였다.
32   이방원, 『한국 의학의 빛이 된 최초의 여의사 박에스더』, 이화여자대학교 출판문화원, 2018, 29쪽.

이화학당 첫 한옥교사(출처: 이화역사관)

서양의 여선교사와 함께 생활하며 교육받는 이화학당에서 여선교사들은 선생님이자 어머니이자, 언니들이며 가족이었을 것이다. 이화학당은 학생들에게 가정이었다. 스크랜튼 선생님 혼자 여러 명의 학생들을 돌보며 가르치는 초기 이화학당의 하루를 머리에 그려보자. 가정이자 학교인 이화학당에서 공부하고, 놀고, 자신들이 기거하는 방도 치우고, 자신을 돌보며 서로를 자매로 아끼며 지냈을 것이다. 영어로 소통이 원활히 안되는 환경에서 시작했지만 그랬기에 생존하기 위해 빠르게 영어를 습득할 수 있었을 것이다. 1988년에 이르러서는 점점 학생이 늘어나 13명이 되었다.

스크랜튼 여사의 요청에 따라 미국으로부터 1887년 10월에는 여성교육자인 이화학당 제2대 당장 루이자 로드와일러(Louisa Rothweiler, 1853-1921)와 여의사 메타 하워드(Metta Howard, 1862-1930)가 내한했다. 1887년 10월 31일 하워드가 진료를 시작한 이 병원이 바로 이화의대의료원의 전신인 보구여관이다. 1889년 4월엔 스크랜튼 여사의 전도로 기독교인이 된 한국인 이경숙이 이화학당에 합류했다. 1890년 10월 여의사 선교사인 로제타 셔우드와 마거릿 벵겔(Margaret Bengel, 1869-?)이 내한했다. 이들과 1892년 부임한 이화학당 제3대 당장 조세핀 페인(Josephine Paine, 1869-1909)들에 의

역사를 만든 여의사들

해 이화학당에서는 여러 다양한 교육이 시행되었다. 김점동은 그 시기에 다른 학생들과 함께 앞서 언급한 이화학당 교육 선교사들에 의한 교육뿐 아니라 이화학당에서 교육을 도와주던 한국 주재 여선교사들과 선교사 부인들로부터도 다양한 수업을 들었다.

이화학당에서 생활하던 만 11세 김점동은 1888년 장마철 어느 날 밤, 천둥번개의 요란한 빗소리에 두려움을 느끼다가 하느님께 기도한 후 평화를 얻는 회심의 순간을 경험했고 그 이후 자신의 방에서 매일 밤 작은 기도회를 열었다. 이 기도회가 바로 한국 기독교 여성들의 자발적인 기도 모임의 시초라고 알려져 있다. 김점동의 신앙도 이화학당에서의 시간만큼 성장해 가고 있었다.

김점동은 1890년 10월, 여의사 로제타 셔우드와의 만남으로 획기적인 삶의 전기를 맞았다. 1887년 10월 31일 정동 감리교 교회자리에 있던 시병원에서 시작해 1888년 11월 이화학당과 같은 담장 안으로 옮겨진 여성병원 보구여관에서, 그동안 영어가 익숙해진 점동과 몇 친구들은 1890년 10월부터[33] 로제타를 도와 한국 여성들 진료 시, 통역과 간단한 치료 보조역할을 하게 되었다.

로제타가 서울에 온 지 한 달이 채 안된 1890년 11월 11일, 그는 4년 전 화상으로 오른손 엄지와 검지를 제외한 손가락이 붙어 있어

---

33 1890년 10월 24일부터 김점동에 관한 기록이 로제타 홀 일기에 등장하는데, 글의 맥락으로 보아 그 전에도 김점동은 보구여관에서 보조 등의 역할을 했을 가능성을 배제할 수 없다. 로제타 홀(김현수·강현희 역/양화진문화원 편), 『로제타 홀 일기 2(1890.9.24.–1891.5.17)』, 홍성사, 2016, 123쪽.

보구녀(여)관(普救女館) 초기 모습 (출처: 이화역사관)

치료받기 위해 시골에서 올라온 16세 소녀를 수술하였다. 3시간 동안 진행된 섬세한 절개수술과 이후 필요한 피부이식 과정에서 환자가 자기 피부이식을 거절하자 로제타 자신의 피부를 환자에게 이식하는 것을 본 김점동은 "저는 아마도 제 친자매거나 선생님이라면 피부를 떼어 줄 수 있겠지만 남이라면 도저히 못해요."라며 몹시 놀라워했다고 한다. 이후 30여 개 피부조각을 이식하는 가운데 이화학당 학생 봉업, 교사 로드와일러와 벵겔 등도 피부를 기증하겠다고 했고 환자의 오빠와 환자도 피부이식에 찬동했다. 16세 소녀인 환자는 수술결과가 좋았으며 피부이식으로 잘 회복되었다. 점동은 초기에는 수술을 불편해했으나 자신의 의무를 다하기 위해 놀랍도록 열심히 노력했다고 로제타는 기록하고 있다. 김점동에 대한 많은 기록은 로제타 홀 일기에 근거한다.

1891년 신학기 시작 전 겨울방학부터 로제타는 자신을 돕는 김점동과 일본인 소녀 오가와에게 생리학을 가르치다가 신학기부터는 다른 세 학생(봉순, 꽃님이, 여메레)에게도 일주일에 한번씩 체계적으로 생리학 수업을 했다. 동시에 보구여관에서 약을 조제하고 환자 돌보는 방법에 대해서도 지도하였다. 이 다섯 명의 소녀들을 로제타는 특히 아꼈다.

한편 점동은 1888년 하반기에 시작되었던 기도 모임으로 신앙심이 깊어지며 만 13세였던 1891년 1월 25일, 프랭클린 올링거(Franklin Ohlinger) 목사로부터 스스로 선택한 에스더(Esther)[34]라는 세례명을 받고 진정한 기독교인이 되기로 결정했다. 이때부터 점동은 에스더로 불리게 된다. 생활환경 상, 미국 선교사들 틈에서 에스더 이름으로 불리는 것이 더욱 자연스러웠을 것이다. 에스더는 구약성서 에스더서에 나오는 페르시아 왕비로 자신의 동족인 유대인을 구하는 왕비다. 에스더는 '별'이라는 뜻이다.

현재로 보면 중학교 2학년 나이인 14살 되던 해인 1891년 3월 말경부터 점동은 보구여관에서 이미 능숙한 조수 역할을 하였다. 생리학 수업도 영향을 미쳤으리라 짐작된다. 오가와가 없을 때도 점동 혼자 약도 조제하고 수술 조수로서도 손색이 없었다고 로제타는 기록하고 있다. 하나의 예로 생리학 수업을 시작할 때는 뼈를 만지기도 두려워하고 사진도 간신히 볼 정도였던 점동이 신체 외부 강의 중 피부 부분의 강의가 끝나기도 전에 뼈를 배우고 싶어 했다. 점동은 모든 것을

---

34 에스더(Esther), 구약성서 에스더서에 나오는 페르시아 왕비로 유대인, 자신의 동족을 구하는 왕비이다. 에스더 자체가 '별'이라는 뜻도 있다.

빨리 배우고 익혔으며 환자들이 오면 로제타 진료 전에 로제타가 알면 좋을 필수 문진을 마쳤으며, 흔한 병에 대한 로제타의 처방도 모두 익혀 두었다. 로제타는 이런 점동을 보며 훌륭한 의사가 될 자질이 있다고 생각했다. 1891년 3월 29일 로제타 일기[35]는 점동에 대해 다음과 같이 적었다.

> "나는 그녀에게 최선을 다해 모든 것을 가르쳐주고 싶다. 그리고 그녀가 계속 이 길을 간다면, 적당한 때 미국에 보내 학위를 받게 하는 것도 현명한 처사라 생각된다. 물론 지금 관습으로는 그녀가 외부에서 일을 할 수 없지만, 그냥 이곳 병원 내에 남아 있기만 한다 해도 더 바랄 게 없겠다. 그러면 그녀 자신은 물론이거니와 다른 이들을 훈련시키는 사역에도 큰 도움이 될 것이다. 전지하신 하느님께서 이 일에 관여하셔서 그녀와 우리를 인도해 주시기를 기도한다."

로제타는 1891년 3월과 4월, 총 4건의 구순구개열 수술(언청이 수술)을 했는데, 점동은 수술 보조를 능숙하게 했다. 이 간단한 수술이 여성들의 일생에 엄청난 반전을 가져와 새로운 삶을 살게 되는 것을 지켜본 점동은 의사가 하는 일이 참으로 아름다운 일임을 깨닫게 된다. 이 과정에서 점동은 반드시 혼자 힘으로 수술을 할 수 있는 의사

---

35 로제타 홀(김현수·강현희 역/양화진문화원 편), 「로제타 홀 일기, 1891년 3월 29일」, 『로제타 홀 일기 2(1890.9.24.-1891.5.17)』, 홍성사, 2016, 210쪽.

가 되겠다고 결심했다고 로제타의 아들 셔우
드 홀[36]은 전한다.

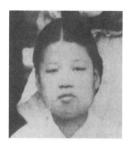

14-15세 경의 김점동
(출처: 이화역사관)

1891년 8월 15일 로제타 홀 일기[37]에 의하
면 로제타가 첫 10개월 간 보구여관에서 치료
한 환자 수는 2,359명. 이 가운데 82명의 왕
진환자가 있었고 35명의 입원환자가 있었다.
처방전 발행건수가 6,000건이 넘었는데 한국
어를 전혀 못했던 로제타 혼자 이 모든 일을 할 수 없는 방대한 진료
건수에 점동과 소녀들의 조력은 절대적이었을 것이다. 이 시기 점동
의 편지에서 로제타에 대한 호칭이 선생님으로부터 언니로 변화하는
것을 관찰할 수 있는데, 둘 사이는 선생과 제자 사이를 넘어 더 가까
운 자매애가 흐르고 있었음을 미루어 짐작할 수 있다.

1891년 로제타의 약혼자인 의사 선교사 윌리엄 홀(William J.
Hall)이 내한하여 1892년 6월 27일 결혼식을 올린 후 3개월간 서울
에 머물면서 윌리엄은 시병원에서, 로제타는 보구여관에서 환자들을
돌보며 생활하다가 윌리엄 홀은 평양으로 의료사역을 하기 위해 떠났
다. 남편 윌리엄이 1892년 9월 30일 평양에 도착해 의료사역을 하는
동안 로제타는 서울에서 동대문에 또 하나의 진료소를 열고 1893년

---

36 셔우드 홀(Sherwood Hall); 윌리엄 홀과 로제타 셔우드의 아들, 의사로 결핵 퇴치를 위하여 한
    국에서 크리스마스 씰을 처음 발행한다.
37 로제타 홀(김현수·강현희 역/양화진문화원 편), 「로제타 홀 일기, 1891년 8월 15일」, 『로제타 홀
    일기 3(1891.5.15.~1891.12.31.)』, 홍성사, 2016, 54쪽.

3월 15일부터 일주일에 두 번씩 진료했다. 서울에 다시 온 윌리엄은 로제타와 함께 평양으로 의료선교를 하러 갈 계획을 세웠다.

김점동의 결혼

한편 점동은 1892년 당시 결혼 적령기인 16세가 가까워지자, 어머니의 염려와 함께 집안으로부터 결혼 압력을 받았다. 로제타에게 쓴 점동의 편지에, 선교사들이 점동의 신랑감을 찾아주지 않으면 하느님을 믿지 않는 남자라도 결혼을 시키겠다는 어머니의 주장을 적으며, 자신은 어떤 상황에서라도 평양이든 어디든 로제타와 함께 가겠다는 마음을 담았다. 점동은 언젠가 미국에 가서 의학을 공부한다는 꿈을 가지고 있던 터라 결혼에는 관심이 없었다.

1893년이 되어 점동의 신랑감을 선교사들이 물색하던 중, 윌리엄 홀이 1892년 가을 평양으로 가면서 고용했던 마부로, 자신의 영향에 따라 기독교 신자가 된 박여선을 추천했다. 박여선은 윌리엄의 주선으로 학교에 다니며 한글, 한자, 영어 등을 배우면서 선교 사업도 돕고 있었다. 윌리엄이 박여선에게 결혼에 대하여 말하면서 신부가 하느님을 충심으로 섬기면서 일하는 여자를 원하는지, 자신을 위해 음식과 바느질을 잘하는 여자인지를 물었다고 한다. 박여선이 하느님을 위하여 일할 수 있는 여인이 더 좋다고 하는 답변을 듣고 로제타와 의논하여 신랑감으로 추천하게 되었다고 전해진다. 점동의 어머니는 마

김점동과 박여선의 결혼사진 (출처: 이화역사관)

음에 들어하지 않았다. 점동도 사흘간 뜬 눈으로 고민한 끝에, 그 당시 우리 관습에 결혼할 수 밖에 없다는 사실과 하느님을 믿지 않는 사람과는 결혼할 수 없다는 생각에서 결혼을 받아들인다.

1893년 5월 5일, 만 16세의 점동은 아홉 살 위 박여선과 약혼하고 5월 24일 기독교 예식으로 결혼했다. 결혼한 점동은 의학공부도 열심히 하고 환자 진료에도 더욱 적극적으로 임했다. 쪽진 머리는 왕진을 오히려 자유롭게 해 주었으며 일반인들로부터도 더욱 존경받을 수 있었다.

점동은 봄부터 남편과 함께 평양에서 여성들을 위한 진료를 계획하고 있던 로제타를 따라 평양으로 의료선교를 갈 계획이었다. 그러나 로제타가 출산을 앞둔 상황이어서 여전히 서울 보구여관에서의 의료 활동에 매진하였다. 1893년 11월 10일 로제타가 셔우드 홀을 출산한 뒤 시간이 조금 흐른 1894년 5월 4일, 로제타와 점동은 제물포항을 떠나 평양으로 가는 고기잡이배를 타고 고생 끝에 5월 8일 평양에 도착했다. 평양 관아의 박해가 가해지는 어려운 중에 잠시 환자를 돌보다가 동학농민봉기 등 정치사회적 문제로 평양에서 철수해 6월 11일 제물포로 돌아오게 되었다.

이러한 불안정한 상태에서 이주와 박해를 겪으며 청일전쟁의 한가운데 처해있던 점동은 1894년 9월 초 1.8kg의 남아를 조산하게 되는데 태어난 지 36시간 만에 사망하는 슬픈 경험을 한다. 평양이 청일전쟁의 전투장이었던 터라 윌리엄은 서둘러 10월 1일 평양으로 떠났고 10월 8일 도착하여 분주히 부상자 치료에 임했다. 지속되는 격무와 말라리아로 다시 서울로 오게 되는데 발진티푸스가 겹쳐 11월 19일 서울에 도착한 윌리엄 홀은 로제타의 정성을 다한 치료에도 불구하고 11월 24일 결국 사망하였다.[38] 남편 사망 후 미국으로 돌아가기로 결정한 로제타에게 점동은 자신도 데려가 달라고 간청하였으며 미국 선교부에 도움을 요청하여 점동 가족도 함께 미국에 가기로 결정되었다.

1894년 12월 7일 김점동 부부는 임신한 상태의 로제타 홀과 그의 아들 셔우드 홀과 함께 일본을 경유하여 미국으로 향했다. 샌프란시스코를 거쳐 뉴욕행 기차를 타고 1895년 1월 14일 로제타의 고향 리버티 집에 도착하였다.

---

38 로제타 홀, 「로제타 홀 일기, 1894년 12월 10일」, 『로제타 홀 일기 5(1893.11.10.-1902.11.10)』, (김현수·문선희 옮김/양화진문화원 편) 홍성사, 2017, 239-261쪽.

미국에서의 에스더, 김점동

　미국에 도착하자마자 로제타는 딸 이디스(Edith Hall)를 출산하였고 점동은 로제타 곁을 지켰다. 동시에 점동은 의과대학 입학을 위해서도 많은 준비가 필요하여 미국에 정착하자마자 2월 1일 리버티 공립학교에 입학하여 미국 고등학교 과정을 밟았다. 이때부터 미국관습에 따라 박에스더로 불리게 된다. 남편 박여선이 운명을 달리할 때까지 결혼기간은 7년이었다. 한국에서는 점동은 로제타 홀과 서울에, 남편 박여선은 윌리엄 홀과 평양에 있으면서, 각각 기거한 기간이 대부분이었다. 미국으로 가서 생활한 기간은 약 5년, 미국에서도 여러 여건으로 인해 함께 있는 날이 많지 않았다. 김점동, 그의 한국 이름이 현재에도 지속적으로 존중되었으면 좋겠다는 바램이다. 한편 13세에 자신이 선택한 세례명인 '에스더'는 소녀시기에 자신이 선택한 '별: 에스더'의 의미로 점동이 큰 의미를 두었으리라 짐작된다. 미국체류 기간에도 에스더로 불리웠을 것이므로 자신이 선택한 이름, 에스더도 존중하는 의미에서 이후 이 글에서는 에스더로 칭하기로 한다.

　에스더는 주중에는 리버티 시내에서 기숙하며 공립학교를 다녔고 주말에는 로제타 아버지의 농장, 남편이 있는 곳으로 돌아왔다. 그동안 남편 박여선은 그 곳에서 일하며 월급을 받아 에스더의 공부를 도왔다. 방학이 되어 가족 모두가 캐나다의 윌리엄 홀 부모님 댁을 찾아, 5주일 동안 머물며 근처 교회들에서 한국 경험을 이야기하기도 했는데 그들이 에스더의 학비 모금에도 도움을 주었다.

미국에서의 김점동 부부와 로제타 홀 가족
(출처: 이화역사관)

다시 리버티로 돌아온 후 1895년 10월 1일부터 에스더는 뉴욕시의 유아병원에서 일 년 가량 수간호사 보조로 일해 생활비를 벌면서 의대 입학을 위한 라틴어, 물리학, 수학 등을 개인과외를 받아 열심히 준비했다. 이 시기에 에스더는 1896년 2월 21일 딸을 낳았는데, 폐렴에 걸려 3월 13일 아기가 세상을 떠났다.[39] 에스더는 아기를 잃은 아픔을 딛고 1896년 10월 1일, 드디어 볼티모어 여자의과대학(Baltimore Women's Medical College)에 19세 최연소 학생으로 입학하게 되었다.

한편 1896년 9월 로제타는 뉴욕에 있는 국제의료선교회에서 일하게 되어 박여선과 함께 뉴욕으로 이주하게 되었고, 한국에서는 로제타와 친지들의 도움으로 1897년 2월 1일 '윌리엄 홀 기념병원(일명 기홀병원)'이 평양에 개원하게 되었다. 로제타는 한국으로 돌아가 의료선교를 계속하기로 결심하였다. 에스더의 어려움도 알고 있는 터라

---

39 Little Baby Pak Dead, The Christian Herald and Sign of Our Times, New York, 1897, 3, 31, p. 266; (사)한국여자의사회연구사업, 「한국 여자의사 120년과 Professionalism」, 한국여자의사회, 2020, 76쪽 재인용.

에스더에게도 한국에 함께 가자고 제안했지만 에스더는 어떠한 어려움도 극복하며 학업을 마치겠다는 강한 의지를 편지를 통해 로제타에게 전달했다. 로제타는 아들 셔우드와 딸 이디스를 데리고 1897년 9월 6일 한국으로 떠났다. 의학수업을 향한 에스더의 강한 의지를 볼수 있는 편지[40]를 소개한다.

> "저는 당신이 저 때문에 한국으로 돌아가는 것이 지체되는 것을 원하지 않습니다. 저는 당신이 한국으로 돌아가 제가 준비될 때까지 우리의 불쌍한 자매들을 도왔으면 합니다. 저는 하느님이 저를 돕기 위해 훌륭하고 헌신적인 친구를 보내줄 것이라고 믿습니다. 저는 의사가 되기 위한 공부를 포기할 수 없습니다. 제가 지금 이것을 포기하면 다른 기회가 오지 않을 것을 알고 있습니다. 저는 최선을 다해 노력할 것이고, 최선을 다한 후에도 배울 수 없다면 그때 포기하겠습니다. 이전에는 아닙니다."

교육받은 지성적 여성의 당찬 포부였다. 그렇다. 에스더는 20세 비교적 어린 나이임에도 불구하고 자신의 선택으로 최선을 다해 스스로의 인생을 개척해 나갈 것임을 당차게 천명한 것이다.

이렇게 의학수업에 몰두해 있는 에스더에게 1899년, 졸업을 한해

---

40 「The Story of the First Korean Woman Doctor」 p. 272, 이방원, 『박에스더』, 이화여자대학교 출판문화원, 2018, 93쪽 재인용.

유학시절 김점동(박에스더)
(출처: 이화역사관)

앞둔 시점에 에스더를 물심양면 지원하던 남편 박여선이 폐결핵으로 병원에 입원하게 되었다. 에스더는 독지가들의 도움도 있었지만 의학공부를 하며 남편의 병원비와 생활비를 벌어야 했고 남편 병간호도 함께 해야 했다. 에스더의 치열한 노력에도 불구하고 남편 박여선[41]은 에스더가 졸업시험을 얼마 남기지 않은 시점인 1900년 4월 28일 사망하여 볼티모어 로렌 파크 공동묘지에 묻혔다. 결혼한 지 만 7년이 안 된 시점이고 에스더 나이 23세였다. 남편을 잃은 슬픔 속에도 졸업시험을 통과한 에스더에게 미국에서 의사로 활동할 기회가 주어졌으나 이를 거절하고 고국의 여성과 국민을 위해 생을 바치겠다는 생각으로 졸업과 함께 귀국한다. 김점동, 박에스더는 1894년 12월 7일 서울을 떠난 후 6년간의 미국 생활을 마감하고 의사가 되어 미국 북감리교 여성해외선교회의 의료선교사로 임명되어 1900년 10월 귀국하였다.

---

41 박여선(1868.9.21.–1900.4.28.) 묘비의 출생일자와 사망일자. 만 31세로 사망함. 영문으로 'Yousan Chairu Pak'으로 되어 있어서 그간 이름에 박유산, 박유선으로 영어를 읽는 과정에서 오해가 있었으나, 1905년 기록에 의하면 광무 원년(1897년) 10월 13일 주차미국특명전권공사 이범진이 학업을 위해 미국 내에 거주하고 있는 21명의 명단을 조사하여 보고서를 올렸는데, 이 명단에 '朴汝先, 朴汝先 妻'라 기록되어 있다.

역사를 만든 여의사들

귀국 후 평양 광혜여원에서의 의료활동

귀국한 에스더는 바로 로제타가 일하고 있던 평양 광혜여원에 합류했다. 에스더가 평양에 도착하고 10개월간 로제타는 간간히 모든 일을 에스더에게 맡기고 지방 선교 활동을 전개하기도 했다. 그 기간 동안 평양에서의 진료건수가 2,414건에 달하여 에스더의 큰 역할을 엿볼 수 있다. 시작은 보조의사였으나 로제타가 에스더를 얼마나 믿음직한 동료로 생각하며 의지하였는지 로제타의 일기를 통해 확인할 수 있다. 로제타가 격무로 쇠약해진 바람에 1901년 3월에는 에스더에게 모든 일과 아들 셔우드까지 전적으로 맡기고 요양을 위해 서울로 간다. 로제타는 요양을 위해 안식년으로 1901년 6월 7일 미국에 돌아가게 되고 그동안 보구여관을 맡았던 여의사 메리 커틀러도 안식년으로 미국에 가게 되어 비게 되는 보구여관을 에스더가 책임지게 된다. 평양 광혜여원은 당시 동대문 진료소를 맡고 있던 릴리언 해리스(Lillian Harris, 1865-1902)가 맡도록 인사이동이 결정되었다.

다시 보구여관으로…

1901년 7월부터는 에스더가 어린 시절 의학에 눈뜨는 계기가 되었던 보구여관의 책임의사로 그가 부임하여 환자들을 치료하게 된다. 왕진 활동도 활발하였다. 에스더는 보구여관 지소 여의사인 엠마 언스버거(Emma F. Ernsberger, 1862-1934)와도 서로 돕고 세브란스 병원의 의사 에비슨의 도움도 받으면서 보구여관을 운영하였다. 진료하는 외에도 여전히 미신적 치료에 많이 의존하는 당시 상황에서 환자들을 대상으로 보건교육에도 열심이었다.

1902년에는 콜레라가 창궐하여 많은 사람들이 희생되었다. 적극적인 치료를 위하여 전도부인과 함께 환자들 집까지 방문하여 약을 주며 치료에 앞장섰다. 보구여관 진료사업은 나날이 확장되었다. 이 해, 에스더가 진료한 건수가 130여 회 왕진과 1,230건의 초진, 2,017건의 재진 등 총 3,377건이었다. 에스더는 업무시간은 물론 진료가 끝난 시간에도 진료를 마다하지 않았고, 일요일까지도 치료에 임했다. 휴가 때마저도 매일 집으로 찾아오는 환자들을 치료했다. 이때 에스더의 의료활동에는 전도부인인 데레사와 두 조수 김배세(김점동의 동생), 이 그레이스가 참여했다. 1903년 서울 보구여관 근무 즈음에 에스더는 간호원 양성소 설립 임무를 띠고 입국한 간호선교사 마거릿 에드먼즈(Margaret J. Edmunds, 1871-1945)의 간호원 양성소 설립 과정을 도우며 관여하기도 했다.

1903년 3월 20일 안식년을 마치고 여의사 메리 커틀러가 보구여관으로 돌아오자 에스더는 다시 평양으로 갔다. 1903년 에스더가 로제타와 함께 한 진료건수는 입원, 왕진, 외래 합하여 4,857건을 기록했다. 에스더는 1904년에는 러일전쟁의 혼란 탓에 평양을 피해 잠시 서울로 왔다가 시국이 안정되자 곧 평양으로 복귀했다. 같은 해, 두 의사의 진료건수는 8,638건으로 기록되어 있다. 진료의 내용은 안과

역사를 만든 여의사들

질환이 가장 많고 피부병, 귓병, 부인병, 치아병 등의 순이었다. 방광질루 수술들로 고통받는 여성들의 삶의 질을 획기적으로 개선하는 데 기여하기도 하였다.

　에스더는 진료뿐 아니라 기독교를 전파하는 일에도 열심이었다. 위생과 성경강의를 동시에 했다고 전해진다. 전도사업을 위해 일년에 수백 군데를 다녔다고 하니 얼마나 열심히 하느님 사업을 위해 일했는지 추정할 수 있다. 1903년 가을에는 여성해외선교회로부터 선교활동 대상지역으로 황해도 700리를 할당받았다고도 한다. 주민들의 삶에 열정과 정성을 담아 최선을 다하는 행동으로, 그리고 교육활동을 통해 깊은 영향을 주었을 것으로 사료된다. 선교활동과 의료활동의 와중에 건강을 차츰 잃게 된 에스더는 1905년에는 폐결핵으로 자리에 눕게 된다. 9월 요양차 중국 남경으로 갔다가 귀국하여서는 간헐적으로 의료, 전도사업에 임하다가 몸이 더 쇠약해지면서는 번역, 주일학교 일을 돕는 역할들을 하게 되었다.

'초대 여자 외국 유학생 환영회'에서 메달을 받고 찍은 사진(1909) (출처: 이화역사관)

　1909년 4월 28일 언더우드, 윤치호, 김필순 등의 발의로 외국에서 유학한 후 헌신적 사회활동을 하고 있는 김점동(박에스더), 윤정원, 하란사 3인이 초청되어 경희궁에서 '초대 여자 외국 유학생 환영회'가 열렸다. 내·외빈 700여 명이 참석한 환영회였다. 일찍이 유학을 다녀와 신학문을 익히고 한국 의료 근대화에 이바지하고 있던 김점동(박에스더)의 헌신적 활동이 국가적으로 인정을 받은 행사로 당시 서울 장안의 칭송의 대상이었다.

1909년 가을 성경학교를 마지막으로 에스더는 평양에서 서울로 와서 작은언니 신마리아 집에서 투병생활을 하다가 1910년 4월 13일 33세로 세상을 떠난다. 귀국 후 환자들 치료에 진력하고 교육활동과 더불어 하느님 말씀을 행동으로 전하며 국민과 하느님께 헌신하던 의사 김점동(박에스더)이 결국 진료현장에서 폐결핵에 걸려 짧은 생을 마감하기까지의 활동을 간략히 표로 정리하면 다음과 같다.

연도	활동지역	활동내용
1900.10 – 1901.05	평양	기홀병원(광혜여원 및 어린이병동) 의사
1901.07 – 1903.03	서울	보구여관 의사
1903.03 – 1904.03	평양	광혜여원 의사 및 황해도 구역 전도사업
1903.04 – 1905.05	평양	광혜여원 의사 및 신계 구역 전도사업
1905.05 – 1909.10	평양	광혜여원 의사 및 평양시 전도사업

역사를 만든 여의사들

2. 안수경(安壽敬, 1896-? 1947 이후)

안수경(安壽敬)과 김영흥(金英興), 김해지(金海志)는 김점동(박에스더) 이후 1918년 경성의학전문학교 과정을 수료하고 졸업하여 총독부의 의사면허증을 취득한 최초의 여성들이다. 위탁교육 시작 당시인 1914년에는 조선총독부의원부속의학강습소로 시작하여 1916년부터 경성의학전문학교가 되었으므로 졸업당시에는 경성의학전문학교로 졸업하였다.

로제타 홀에 의해 청강생으로 위탁교육이 성사되어 여학생들이 경성의학전문학교에서 교육을 받을 수 있었으나 근대 초기 여성의료인에 대한 여러 연구들[42]에는 경성의학전문학교의 여자 청강생과 이들의 졸업 후 활동에 대해서는 대부분 기록이 누락되거나 생략되어 있다. 허영숙의 동경여자의학전문학교 졸업연도의 오해 등에서 비롯되었을 가능성과 청강생이라는 명칭에 대한 거부감 탓이었을 가능성도 있다.

분명 『조선총독부관보』의 경성의학전문학교 1918년 졸업생 명단에도 명기되어 있듯이 안수경, 김영흥, 김해지는 경성의학전문학교를

---

[42] 한국여자의사회(1986)(2005)(2020), 기창덕(1994), 김성은(2007), 신동원(2012), 최은경(2016), 임선영 외(2018), 이꽃메(2019) 등과 같은 연구들이 있다.

1918년 4월에 졸업하였고 그 당시 다른 남학생 졸업생들과 마찬가지로 자동적으로 의사면허 취득을 하였다. 이는 1918년 7월에 동경여자의학전문학교를 졸업한 허영숙보다도 약 3개월 빠른 졸업이다. 의사면허 취득도 같은 해, 혹은 다음해[43] 10월 의사면허시험에 합격한 허영숙[44]보다 5개월, 혹은 17개월 먼저인 셈이다. 이들에 대한 연구는 2021년 이영아의 논문으로 그 모습이 들어나게 되었다. 그동안 잊혀지고 묻혀져 있던 3명의 초창기 여의사 중 비교적 기록이 많은 안수경의 삶에 대하여 먼저 살펴보기로 한다. 그 외 김영흥, 김해지는 물론 경성의학전문학교 1925년 졸업생인 고수선 등 초창기 여의사들에 대한 후속연구들도 활발히 이루어지기 바란다. 참고로 이 글에서는 초기 1900년부터 1923년까지 배출된 여의사들의 삶만을 집중 조명하였다.

---

43 허영숙의 면허취득연도는 1918년, 혹은 1919년 논란의 여지가 있다. 다음 장인 허영숙 편에서 더 자세한 논의를 한다. 1994년의 기창덕 논문에서 졸업연도가 1917년으로 기록되는 바람에 허영숙의 졸업연도에 혼란이 온 것으로 여겨진다. 춘원에 대한 여러 연구의 기록으로는 허영숙의 졸업연도는 1918년이다. 면허취득에 관한한, 1920년 허영숙이 영혜의원을 개업하였으므로 그 전에 의사면허를 취득했을 것이나. 『조선총독부관보』 2,190호(대정 8년, 1919년 11월 28일자)에는 의사면허 취득 기록이 1919년 10월 10일로, 면허번호 348호로 기록되어 있다. 1918년이라해도 안수경, 김영흥, 김해지의 의사면허보다 후이다.

44 2016년의 최은경의 논문에 의하면 동경여자의학전문학교가 1920년부터 문부성 지정 학교가 되어 졸업 즉시 문부성 면허 의사가 될 수 있었기 때문에 의사가 되기 위해 1920년 이전의 졸업생들이 재차졸업 절차를 1920년 후에 할 수도 있을 가능성을 논한다(최은경, 「일제강점기 조선여자 의사들의 활동」, 『코기토』 80, 2016, 292쪽). 허영숙의 졸업연도가 1918년이기 때문에 조선에 돌아와 의사면허시험을 치를 수 밖에 없는 상황이 되었으므로 허영숙의 입장으로 보면 매우 아쉬운 면이 크다. 그럼에도 불구하고 허영숙의 졸업이 춘원 이광수 연구논문들의 기록으로 보면 1918년 7월이 분명하므로 안수경의 졸업이 허영숙보다 빠르다.

안수경의 배경과 의학 입문

안수경은 경성에서 태어나서 경성여자고등보통학교를 졸업하고 조선총독부의원 부속의학강습소에 평양 출신인 김영흥, 김해지와 함께 청강생으로 1914년에 입학했다.

안수경의 아버지 안왕거(安往居)의 본명은 안택중(安宅重, 1858-1929)으로 본관은 광주(廣州)고 대대로 김해지방에서 정착해오다가 1880년에 증광(增廣) 진사시에 합격하여 법관 양성소 교관, 한성사범학교 교관 및 교장, 수학원 교관 등을 역임했으며 수학원 교관을 할 때는 동궁이었던 영친왕의 스승이기도 했다.[45] 그는 1909년 이후 교관직을 사임한 뒤 고향 김해에서 지내다가 다시 상경하여 1911년부터 『신해음사(辛亥唫社)』 시집을 간행하는 일을 하였다. 안수경의 남동생 안광천(안효구)도 안수경이 졸업한 다음 해, 1919년 경성의학전문학교를 졸업하여 역시 의사로 활동하였다.

『신해음사』에는 전국 각지에서 투고 받아 간행하였는데, 안왕거는 여성문인들에 대한 관심도 높았는 바 안수경의 가정환경을 추측해 볼 수 있는 근거가 될 수도 있겠다. 안수경의 글도 그가 여학생이었던 1911년 『신해음사』 1집부터 여러 편이 실렸다고 한다.

김영흥, 김해지는 로제타 홀의 추천으로 입학이 허가되었고 안수

---

45 이영아, 「최초의 국내파 여성의사 안수경, 김영흥, 김해지 연구」, 『의사학』 30(1), 101-144, 2021, 108쪽.

경은 경성여고보 교장 추천으로 입학했다. 수업료는 남학생들과 같이 면제받았고, 기숙사는 평양에서 온 김영흥, 김해지에게는 제공이 되었으나 안수경의 경우는 집이 경성이므로 통학했다.[46] 또한 그들은 청강생으로 입학하되 성적이 보증된다면 남학생들과 마찬가지로 졸업과 동시에 의사면허가 수여될 것이라는 점, 교실이나 다른 곳을 갈 때에는 늘 여성 샤프롱(chaperon)이 그들을 보호할 것이라고 1913년 광혜여원의 보고서는 전하고 있다.

안수경의 동생인 안효구가 수학기간 중 3년간 함께 학교를 다닌 것도 안수경과 그의 동료들에게는 적응에 도움이 되었을 것이다. 마찬가지로 여학생들에 대한 보호자 조치가 남자들이 주된 사회에서 안전하고 비교적 자유롭게 공부할 수 있도록 했을 것으로 추정된다.

『조선총독부관보』 제1693호, 1918년 4월 1일자에는 경성의학전문학교 47명 졸업자 명단에 안수경, 김해지, 김영흥의 이름이 실려있고, 다음과 같이 5월 18일자 제1773호에는 의사면허 취득자 명단에 이름이 나와 있다. 조선 국내 최초의 여의사들 탄생이었다. 앞서 기술하였지만 다시 한번 강조하자면, 이 1773호 『조선총독부관보』에는 1918년(대정 7년) 4월 중 면허취득자로 안수경 면허번호 244호, 김영흥 248호, 김해지 251호가 기록되어 있다. 1919년(대정 8년) 11월 28일자 『조선총독부관보』 제2190호 13면에는 면허취득일이 10월 10일, 면허번호 348호 허영숙이 같은 날 취득한 5명 가운데 첫번째

---

46   『매일신보』 1918.4.3.

○鑛業出願許可失效

鑛第四一六號
大正六年六月三日全羅南道務安郡黑山面裁鑛鑛業出願ノ許可ハ指定ノ期限内ニ登錄ヲ爲サザルニ付朝鮮鑛業令施行規則第二十條第二項ノ規定ニ依リ此ノ旨通知ス

代表者　小林詩四郎

大正七年三月三十日

朝鮮總督　伯爵長谷川好道

○鑛業出願許可

鑛第三七四五號
大正六年十二月五日咸鏡北道利原郡黑岩面鹽業鑛業出願ハ許可シタルニ付朝鮮鑛業令施行規則第二十條第二項ニ依リ此ノ旨通知ス

代表者　李　熙

大正七年四月一日

朝鮮總督　伯爵長谷川好道

○敎科用圖書發賣人

朝鮮總督府敎科用圖書販賣規程ニ依リ許可シタル賣賣人竝其ノ業務ヲ廢止シタル者左ノ如シ

注意
(一)　登錄申請ハ別紙樣式ニ依リ作製シ收入印紙貳百圓ニ相當スル收入印紙ヲ貼付シ差出スベシ
(二)　本文規定内ニ到達セザルトキハ許可ハ其ノ其ノ效力ヲ失フベシ

許可ノ年月日
大正七年四月一日

京畿道京城府龍山面元町三丁目百十三番地

朝鮮總督府

氏名
坂本政市
金天應市
大鹽清市
徐有駿
朴景周

○卒業者

卒業者ノ氏名左ノ如シ

大正七年三月二十九日

本年三月三十一日本校第一回卒業者ノ氏名左ノ如シ

京城醫學專門學校

卒業者氏名(イロハ順)	
黃永煥	京畿道
朴永胤	平安南道
李相昌	忠清北道
吳道煥	京畿道
尹義昌	忠清南道
李敬淳	京畿道
韓英洙	平安北道
李容卨	京畿道
朴昌薰	平安北道
李善根	京畿道
安鐘一	京畿道
金鐘旭	京畿道
金榮達	平安南道
安鐘瑞	平安南道
金英興	平安北道
金海志	平安北道
李根培	咸鏡南道
吳元植	京畿道
李容卨	京畿道
羅允錫	平安南道
高永祐	咸鏡北道
國承鉉	慶尚北道
金允逸	平安南道
金淳楫	平安南道
安壽敬	平安南道
金相五	平安北道
金容壽	平安北道
成昌基	咸鏡南道
盧敬鎬	咸鏡南道
金鎭興	咸鏡南道

○購買入札

大豆
萬五千六百八拾貫
蕎麥
壹千三百四拾貫
粟
壹千二百貫
萬千四百七拾五貫
干草
八千三百十五貫

右入札保證金トシテ見積價格ノ百分ノ五以上
納入期限　次回通牒
此ノ入札ハ四月五日午後三時限リ本府會計課ニ收得スベシ
右ニ關シ希望者ハ見本品供給ノ請賣ヲ本府會計課ニ就キ物品供給ノ請賣入札人心得書、契約書案及圖面等縱覽ノ上大正七年四月

大正七年三月三十日

朝鮮總督府

○入札拂下

第一號
一、支那米　貳百石
第二號
一、白米　百石
第三號
一、大豆　武百石

右拂下代金ハ見積價格ノ百分ノ五以上
入札保證金トシテ納入スベシ
此ノ入札ハ四月一日午前十時限リ本府會計課ニ收得スベシ
右希望者ハ各營倉ニ就キ入札心得書及賣買契約書案等縱覽ノ上大正七年四月一日午前十時本府會計課ニ於テ開札ス

大正七年三月二十六日

大邱監獄

京畿府廳第二番通三丁目明治町一丁目所在
一、土地　四千五百餘坪

右ハ買受ノ希望者ハ郡廳ニ就テ入札人心得書縱覽ノ上来ル四月二十五日午前限入札ニ付期限迄ニ本郡廳ニ於テ開札ス

大正七年四月一日

○商業登記

株式會社漢陽工銀行
大正七年三月貳拾六日登記

右大正七年三月貳拾六日登記
京城地方法院春川支廳

李主職

公州地方法院清州支廳

一七

『조선총독부관보』제1693호(1918.4.1.). 경성의학전문학교 졸업명부 안수경, 김영흥, 김해지

全羅南道
慶尚北道
慶尚南道
黃海道
平安南道
平安北道
江原道
咸鏡南道
咸鏡北道
總計
合計
總督府直接販賣　計
三月以降累計

○會社支店設置許可

會社支店ノ設置ヲ許可シタルモノ左ノ如シ

商號　株式會社　日本水産漁業
目的　漁業、漁獲物ノ處理運搬及賣買、漁業資金ノ貸付、漁獲物ノ委託販賣
資本金　一、三〇〇、〇〇〇圓
本店所在地　山口縣下關市
支店所在地　慶尚南道郡山
代表者　秋崎壽三
許可年月日　大正七年五月十四日

○會社設立許可

會社ノ設立ヲ許可シタルモノ左ノ如シ

商號　迎日興業株式會社
目的　繩叺筵ノ製造及販賣、精米、精麥、製粉、倉庫營業
資本金　一〇〇、〇〇〇圓
所在地　慶尚北道迎日郡大上留造外七名
設立申請者　大上留造外七名
許可年月日　大正七年五月十四日

○醫師免許

衛生
四月中醫師免許者左ノ如シ

免許月日	免許番號	本籍	氏名
四月五日	二三九	平安南道	安壽敬
四月十一日	二四〇	佐賀縣	李喜儆
四月十九日	二四一	慶尚北道	北島尚勇
	二四二	平安北道	金鍾鎬
	二四三	慶尚北道	林正紹
	二四四	京畿道	金鶴九
	二四六	京畿道	朴正紹
	二四七	平安北道	羅元爀

○醫生免許

四月中醫生免許者左ノ如シ

免許月日	免許番號	免許期間	道別	氏名
四月一日	二三五	自大正七年四月一日 至同十年三月三十一日	平安南道	金英興
	二三六		同	朴義秉
	二三七		福岡縣	松島鹿次郎
	二三八		平安南道	金海志
	二三九		慶尚南道	車亨恩
	二五〇		咸鏡南道	金文洪
	二五一		平安北道	安承奎
	二五三		咸鏡南道	吳震洙
	二五四		咸鏡北道	康南泰
	二五六		江原道	金承烈
	二五七		黃海道	趙東煥

『조선총독부관보』 제1733호(1918.5.18.). 1918.4. 의사면허취득자 안수경, 김영흥, 김해지

朝鮮總督府官報　第二一九〇號　大正八年十一月二十八日（第三種郵便物認可）

○朝鮮線運輸營業開始
北部輪城羅南間ヲ十二月十日ヨリ一般運輸營業ヲ開始スルコトトナリ新設停車場及哩程左ノ如シ但シ旺場及富坪停車場ニ於テハ旅客手荷物ニ限リ取扱ヒ

通運

○河川敷掘鑿許可
河川敷掘鑿ヲ許可シタルモノ左ノ如シ

指令年月	種別	場所	目的	面積	期限	職人
土三九七二	大正八年十一月二日	甲川	忠淸南道大田郡杭娄里住水		一〇八六	須田壹

土地

河川敷掘鑿許可

○醫師免許
十月中醫師免許シタル者左ノ如シ

免許月日	免許番號	免許地域	免許期間	本籍	氏名
十月十日	三四八	京畿道		本籍	許英肅

○限地醫業免許
十月中限地醫業免許シタル者左ノ如シ

○限地醫業地域變更免許
十月中限地醫業地域變更免許シタル者左

○入歯營業期間繼續免許
十月中入歯營業期間繼續免許シタル者左ノ如シ

衛生

로 나와 있다. 지금까지 알려져 왔던 허영숙의 의사시험 합격 및 면허 취득 연도는 1918년이 아닌 1919년인 것으로 기록되어 있다. 이 기회에 바로잡는다.

안수경의 의사로서의 눈부신 활동

졸업후 안수경과 김영흥은 동대문 부인병원에서 일을 하게 되었고 김해지는 평양으로 가서 근무하게 되었다. 이제부터 안수경의 삶의 궤적으로 초점을 옮겨 살펴보기로 한다. 안수경은 동대문 부인병원에서 일을 시작하여 오랜기간 산부인과에 근무하며 다양한 활동을 하였고 1930년대에는 동대문부인병원장까지 맡아 일하기에 이른다.

1921년 3월 5일자 『동아일보』에는 「신진여류(新進女流)의 기염(氣焰)(十二) 미신과 위생사상; 병자에게 약은 아니쓰고 푸닥거리만 함을 금하라」(여의, 안수경여사담(談)) 기고가 실려있다.

그의 행적에 대한 많은 기사들이 여러 신문에 실렸으나 몇 가지 대표적인 기사들만 소개하기로 한다. 다만 이렇게 많은 기록이 있었음에도 불구하고 그동안 안수경이 역사에서 묻혀 있었다는 사실이 의아하다. 동대문부인병원장 시절인 1935년 4월 9일자 『동아일보』에 「한 직업 십오년에 보고 들은 세태인정; (下) 가정불화는 남자의 책임 가정 원만의 비결은? 좀 더 절조 잇는 생활을 합시다(동대문부인병원장 안수경양)」 기고도 있다, 이 기사로 미루어 1935년에 동대문부인병원

『동아일보』 1921년 3월 5일자 기사 　　　 『동아일보』 1935년 4월 9일자 기사

원장이었던 것은 확실하다.

　이와 같이 동대문부인병원에서 의사 안수경의 활동은 눈부셨다.
1939년 1월 1일자 『조선일보』는 동대문부인병원에서 일한 안수경의
20년간의 꾸준한 헌신을 다룬 인터뷰 기사를 실었다. 산부인과 의사
로서 「생명 영접 이만오천명」이란 기사 제목으로 미루어 안수경의 의
사로서의 헌신을 짐작할 수 있다. 기사 전문을 아래에 소개한다.[47]

47　『조선일보』 1939.1.1. 기사. 이 기사는 1939년 기사이므로 기사에서 볼 수 있듯이 이 시점에 동
　　대문부인병원 근무가 이미 20년, 경성의학전문학교 졸업이 1818년이므로 졸업 이후 바로 시작
　　된 것으로 사료된다.

감격(感激)에 쌔혀 '생명영접이만오천차(生命迎接二萬五千次)'

성직(聖職)의 기쁨을 말하는 동대문부인병원(東大門婦人病院) 안수경 여사담(女史談)

먼동이 터온다. 하늘이 붉으스레 물들어 오는 아름다운 새벽이 왓다. 십년을 하로가든 정성으로 고생도 낙으로 알고 한가지 일에 몸을 바처 거룩한 때의 탄생을 기다리는 마음 그는 마치 겨울과 밤의 천하에서 지리하게 헤매이다가 광명의 새날을 맞는 무궁한 깃븜의 날인 것이니 그 기쁨이야말로 한때의 우습을 비저내는 그것이 아니라 생활의 구든 신념에서 오는 인생의 법열(법열(法悅))이다. 이제 전변무쌍한 세상의 거츤 물결 속에 숨어 열과 힘의 인물을 차저 어두운리에 아름다운 새벽의 기쁨의 광영을 보내고저 한다.

여기는 만호장안을 굽어보며 언제나 아침의 거룩한 새벽을 먼저 바드며 언제나 기쁨의 새생명이 뛰노는 애기의 우름이 그치지 안는 낙산 압마르턱 우의 동대문부인병원(동대문부인병원(東大門婦人病院))이다. 말하는 분은 이곳 병원의 의사 안수경(安壽敬)여사이다. 자그마한 키에 단정한 자세를 가진 이부인에게서 밧는 첫인상은 맑고 흰 이마와 안경미테 빗나는 두눈이 어데까지나 총명한 것과 거울가튼 마음의 맑음을 보여주엇다. 이부인 아니 이 선생님이 이곳에 와서 일하시기는 지금으로부터 이십년 전 경성의학전문학교를 나와서부터 여기오셔서 이날까지 일을 보시엇다.

누구나 다아는 바와 가티 이름은 병원이라 하지만 실은 조선서는 최초의 최대의 산원(産院)인 것이다. 그래서 지금까지 이 병원에서 이선생의 손으로만 탄생의 첫소래를 울린 아이가 적어도 이만 내지 이만오천은 된다는 것이다. 이가티 하야 이선생은 오늘까지 시집갈 것도 이저버리고 마흔 세살의 전반생을 이 거룩한 일에 바처온 것이다. 기독교인인 선생은 마치 동정녀 마리아처럼 순결하고 경건한 마음으로 그 만흔 애기를 모두 하늘의 독생자가티 바더내인 것이다.

선생은 그린듯이 안저서 이러케 말한다.

"글세 이얘기가 무슨 이얘기얘요. 하기는 오늘도 열한명의 애기를 바덧습니다.

즌자리에서 손발을 보둥부둥하면서 첫소래를 지르는 것을 듯는 것만이 내게는

역사를 만든 여의사들

무엇보다도 기쁜일입니다. 이소래야말로 하늘이 내리시는 최고의 숭엄한 음악이겠습니다. 그러고 생각하니 벌써 수무해를 지낫던가요. 그동안 바든 애기수효는 지금 당장 헤일수는 업스나 금년 만도 이제까지가 일천이백오십여 명의 애기이엇습니다. 그 중에 사내가 멧명이 잇느냐구요? 천만에 그게 무슨말입니까? 사내면 어떠코 딸이면 어떠한 말입니까? 하기는 그럿습니다. 옛날 이 곳을 차저오시는 산모는 대개가 구식 부인네들이엇는데 이러케 고통을 하고 애를 나호면 먼저 뭇는것이 사내냐 딸이냐 먼저 뭇고 딸이라고 하면 우시는 이도 잇섯습니다. 그러나 지금은 신여성들이 대부분인데 애나코 먼저 뭇는 말은 아들이냐 딸이냐가 아니고 애기가 건강하냐 그부터 뭇습니다. 이것이야말로 세상의 변천이요 사회의 발달이라도 봅니다. 그러치 안허요? 우선 애기야 딸이건 아들이건 귀여운 애기거던요. 첫째 건전한 것이 첫조건이지요."

하며 애기의 예진을 하고는 엽방으로 기자를 안내해 준다.

아! 이게 어느 천하냐! 하얀 보재기— 아니 기저기에 정성스럽게 싸너흔 둥지가 한방안에 수십개나 가득이 노혀 잇는데 이게 모두 어제나 혹은 그제 또는 사오일전에 이세상에 나온 갓난 애기들이라는 것이다. 그중에는 콜콜 잠이 든것도 잇고 또한편엔 빼—빼—하며 얼굴을 찡그리고 우는 것도 잇다. 이곳이 말하자면 한 집안의 우슴의 봉오리요 한 사회의 열매의 꼬치다. 선생은 그중의 한애기를 들고

"보세요, 우는 얼굴이 더 귀엽지 안허요? 이것이 아프로 힘을 어더 길이 힘잇게 살려는 생명의 움직임입니다그려. 아니 그 뿐입니까? 이 애기의 생명의 움직임이 오늘날의 생후의 움직임입니다."

과연 그러타 이 방중의 공기를 흔들고 잇는 이 애기네들의 숨결의 적은 파동은 장래 알지 못하게 클 바다의 파동이나 폭풍을 생각케하는 엄숙이 잇슴을 은연중에 느끼게한다. 절로 머리가 숙어젓다.

선생은 다시 말을 이어

"그러니 내 손으로 바든 애기 중에는 벌써 수무살 먹은 청년이 잇슬 것입니다. 간혹 그가 누구인지 아는 이도 잇스나 대부분은 그 후는 어데서 어떠케 크고 잇

는지 알 수업스나 그러나 내 손에서 자란 애기들이 이 장안에서 또 이 사회에서
무럭무럭 자라고 잇겟거니 생각하면 무한히 기쁨니다. 그래 아침저녁으로 내몸
과 마음의 평안을 위해 기도를 올릴 때는 우리 이 애기들의 건강을 위해서 가티
복을 빌게 됨니다."

고 한다. 한 몸을 바처 남모르는 기쁨을 누리고 잇는 그 마음이야말로 언제나 영
원한 아름다운 새벽이 깃드려 잇슴을 다시금 느꼇다."

『조선일보』 1939년 1월 1일자 인터뷰 기사

　　그동안 부각되지 않았던 사건도 있다. 1925년 미 감리교 경영당국
이 재정긴축을 위해 동대문부인병원을 세브란스병원과 합병하기로
하자 이에 맞서 동대문부인병원의 독립적 운영을 지켜냈다.[48] 부인병
원 폐지는 '동대문부인병원 폐지 반대 연맹회'를 결성하여 여러 의미
로 조선의 큰 손실임을 강조하고 남자측이 경영함은 시대착오라고 주
장하며 조선여자기독교청년회, 조선여자청년회, 동대문의약간청년회

48　『조선일보』 1925.5.22. 동대문부인병원(東大門婦人病院) 폐지반대연맹회(廢止反對聯盟會) 관
　　련 기사

(東大門醫藥看靑年會), 간호부회, 산파회, 조선여자기독교청년회연합회 등 여섯 여성단체가 참가하여 결의했다. 안수경은 유영준, 정자영, 윤보명, 현덕신과 함께 앞장서서 합병을 반대하여 결국 관철한다. 그 당시 결의문은 다음과 같다.

결의문

동대문부인병원을 폐지하거나 혹 남자측에 경영권을 이전케 하는 것은 조선의 현재사정에 조(照)하야 실(實)로 시대역행(時代逆行)의 오계(誤計)이며 더욱 여자계(女子界)에는 막대한 손실로 인정(認定)함으로 우리들은 조선여자의 기독교적 사업의 진보향상을 위하야 철저히 차(此)에 반대함.

우결의(右決議)함.

동대문부인병원폐지반대연맹회(東大門婦人病院廢止反對聯盟會)

실로 중요한 사건이 아닐 수 없다. 다음날인 1925년 5월 23일자 『동아일보』 기사의 제목은 「책임자도 폐지반대, 문제는 당분간 보류될 모양, 동대문부인병원존폐문제」[49]로 그 보류과정을 전하고 있다.

『동아일보』 1925년 5월 23일자 기사

---

49 『동아일보』 1925.5.23.

안수경 관련 한국사데이터베이스에 있는 신문매체 기록만 해도 60건 이상이 있고 『조선일보』 기사만 보아도 30여 건이 있다.

안수경은 1918년부터 꾸준히 동대문부인병원에서 일하면서 앞서 언급했듯이 1935년에는 동대문부인병원 원장으로 인터뷰한 기록이 있다. 이화의료원의 전신이 동대문부인병원인데, 정작 이화의료원 연혁 등의 역사와 역대 병원장 기록에는 1930년부터 1945년까지의 기록이 누락되어 있다.[50]

이영아의 연구[51]에 의하면 안수경은 1942년경에 동대문부인병원을 퇴직하고 개업했다. 『매일신보』 1942년 7월 24일자 기사에 의하면 관훈정 197-9번지에 '안산부인과'를 개업했다고 한다. 그 후 1947년 결성된 서울보건부인회 창립 행사가 기록에 나오는 마지막이라고

---

50 이화의료원 홈페이지에는 2022년(2022.5.17.일 시점)까지도 안수경 원장에 대한 기록이 전혀 없었다. 필자가 개인적인 안타까움에, 2021년부터 이화의료원장을 비롯하여 관계자들에게 수차례에 걸쳐 건의도 하였고, 이영아의 연구논문의 발표와 병원장으로 게재된 1935년 4월 9일자 『동아일보』 기사가 알려진 이후 일정 기간 후에야 간략하게 1945년, '릴리안 해리스 기념병원 4대 병원장에 안수경 취임'이라 한 줄로 소개하고 있고, 1945년 4월 초대 병원장으로 이상옥 병원장 취임을 소개하고 있다. 이미 1930년부터 릴리안 해리스 기념병원 명칭은 사라지고 동대문부인병원으로 개칭한 상황이었는데, 여전히 이화의료원 홈페이지에서는 릴리안 해리스 기념병원 명칭을 쓰고 있는 것은 의아하다. 1942년부터 1945년까지는 동대문 부인병원이 매각되어 이화여대 소속이 아니었다가 1945년 3월 다시 이대부속 동대문병원으로 출범한 것으로 사료된다. 보구여관 시기 2년여 책임자였던 김점동(박에스더) 이후 안수경은 이화의료원(보구여관 이래 릴리안 해리스 기념병원, 동대문 부인병원, 이대부속병원, 이화의료원의 명칭을 쓰는 모든 시기 중에) 최초의 한국에서 교육받은 한국인 원장이며 24년여 오랜기간 봉직했다.
이화의료원 역대 원장 리스트는 이대동대문병원 시점인 1945년으로부터 시작된다. 늦은 감이 있지만 2025년 시점에서 매우 역사적으로도 소중한, 안수경의 긴 세월 동안의 이화의료원에서의 많은 업적 일부가 반영되고 이화의료원의 역사가 더 정밀하게 정리되어 가고 있어서 필자는 몹시 반갑고 기쁘다.(출처: 이화의료원 홈페이지 https://www.eumc.ac.kr)

51 이영아, 「최초의 '국내파' 여성의사 안수경(安壽敬), 김영흥(金英興), 김해지(金海志) 연구」, 『의사학』 30(1), 101-144, 2021, 134, 135쪽.

역사를 만든 여의사들

한다. 동대문부인병원의 안수경과 관련된 기록으로 보아도 조선여성 건강증진에 있어서 그의 역할은 지대했다. 동대문부인병원에서의 근무기간만도 24년이었고 1947년까지 기록이 있는 시기만을 생각해도 의사로서 30여 년을 조선 여성들의 임신과 출산, 신생아의 건강돌봄까지, 국민건강에의 헌신은 매우 컸다. 초기 여의사들 중에 현장에서 가장 환자를 많이 돌본 여의사가 바로 한국에서 최초로 정식교육을 받고 경성의학전문학교를 졸업한 안수경이다.

이영아의 연구에서 지적하기를, 1924년에 발간된 경성의학전문학교일람에서는 이들 세 명의 명단이 누락되어 있고 총 졸업생도 『조선총독부관보』의 47인과 달리 44인으로 기재되어 있다고 한다. 총독부에서 공식적으로 '졸업자'로 인정한 이들을 오히려 경성의학전문학교에서는 정식 졸업자로 인정하지 않으려 했다고 해석할 수 밖에 없다. 전통 가부장사회였던 그 당시 분위기에서 비상식적인 일이 일어난 셈이다. 경성의학전문학교는 1925년경부터는 공식적으로 여학생을 받지 않았다고 한다. 하지만 1928년 조선여자의학강습소의 출현으로 여의사교육의 맥이 다시 이어지게 된다.

경성의학전문학교 1918년 졸업 첫 조선 여의사들의 역사적 활약 증거

1927년 3월 1일 발행된 『별건곤』 제5호의 「해내 해외(海內 海外)에 헛허저 잇는 조선여의사(朝鮮女醫師) 평판기(評判記), 해마다 늘어가는 그 수효 잇다금은 해외에서도 활동」이란 제목의 기사에 다음과 같은 내용이 있는데, 이로써 그 당시에 활약한 경성의학전문학교 출신 여의사들의 활약상을 알 수 있다.

··· 중략 ···

A 총독부의학교 출신으로는 누구누구인가?

X 아마도 거긔에는 지금 동대문 부인병원에 게신 안수경씨, 평양긔흘 병원에 게신 김해지씨, 또 한분인 인천부인병원에 여러해 게시다가 지금은 평양가서 개인개업 햇다는 말이 잇는 김영흥씨! 이 세 분이 다 원로(元老) 이시겟지. 그리고 고 다음에는 지금 성진 제동병원에 가 게신 김영실씨가 역시 그 곳 출신이고 개성야소교병원에 게신 고수선씨와 얼마전에 대구 신명학교 교원 겸 교의로 계시다가 지금은 경상북도 영덕이라는 고을에 가서 부부개업을 하야 남편은 공의로, 안해는 녀의사로 게신 윤범영씨가 재작년에 졸업하고 나왓고 작년에도 이삼인 졸업한 이가 잇다는 데 얼는 긔억이 아니 나네.

A 그런데 총독부의 학교에서는 진긔하게도 남녀 공학제를 써서 몃몃의 녀자의사를 내여 보내더니 재작년부터는 그나마도 녀자의 청강을 허락지 아니하야 그 제도가 업서젓다지? 대체 무슨 까닭일구?

X 글세, 그런 말이 잇데 . 자세히는 알수 업지마는 아마 경험해 보닛가 효과가 그러케 조치 못하던 것이지. 위선 남녀공학이라는 것이 어울니지를 아니햇던지 몰나? 고수선씨와 윤범영씨 두 분이 통학할 때에도 한 분이 결석하면 한 분은 갓다가도 여러 남자틈에 가 혼자 안저서 공부하기가 우열적으닛가 책보를 끼고 도로 도라온 일까지 잇섯다는 이약이ㅅ거리 까지 잇섯더니 그로 보면 남녀공학도 전도가 창창해뵈야.

A 그도 무리야 아니지, 이때꿋 규중에만 갓처 잇던 녀성들로서 또는 더구나 의학가튼 것을 배우랴면 생리학상 해부학상 위생학상 좀 서로 창피하고 저촉되는 곳이 잇서서 자미적은 때가 만켓지. ···

역시 이 기사에서도 경성의학전문학교의 여학생교육과 남녀공학에 대하여 부정적인 시각을 읽을 수 있다. 남녀 내외관습에 대한 편견 탓에 1920년대 조선에서의 여의사양성은 배제되고 진척을 이루지 못했다.

이러한 시대배경을 감안할 때 안수경과 김해지, 김영흥과 그 이후 경성의학전문학교를 졸업한 김영실, 고수선, 윤범영의 존재는 그동안 묻혀져 있었지만 한국 여의사의 역사 속에 큰 발자취를 남긴 근대화 초기(일제 강점기이긴 하지만)의 여의사들이었다. 이들의 존재와 헌신은 로제타 홀과 메리 커틀러 등과 같은 벽안의 여의사들의 적극적 행보와 열정, 그리고 자신들의 도전과 노력 덕분에 가능했다.

3. 허영숙(許英肅, 1897-1975)

허영숙의 어린 시절

허영숙(許英肅, 1897.10.6.-1975.9.7.)은 1897년[52] 서울 당주동(唐珠洞)에서 여러 사업으로 상당한 부를 축적하고 있던 허종(許鐘)의 막내 넷째딸로 태어났다. 그의 어머니 나이 46세 때 얻은 늦둥이였다. 허영숙이 아홉 살 때 아버지가 돌아가시어 과부가 된 어머니가 허영숙을 비롯한 네 딸을 키웠다. 허영숙은 어려서부터 총명하고 재주가 있었으며 아홉 살이 되던 1906년 진명여학교에 입학하였다. 진명여학교 보통학교를 마치고 1908년 중등과에 진학하여 1911년 졸업하였으며 바로 경성여자고등보통학교(현 경기여고)에 진학하여 3년 과정을 마쳤다. 허영숙은 3회 졸업생이다.

졸업후 1914년 허영숙은 의사가 되려고 일본 유학을 떠났다. 신동원[53]은 허영숙이 일본유학을 택한 배경으로 1909년의 두 가지 사건을 든다. 그 하나는 1909년 대한흥학보에 발표된 창해자(滄海子) 이상설

---

52   허영숙의 생년에 대해서도 기록이 1897년, 1898년으로 갈리지만 2012년 발표된 신동원의 논문에서 인용한 1939년도의 허영숙 자신의 글 기록에 의거하여 1897년을 차용한다. 신동원, 「일제강점기 여의사 허영숙의 삶과 의학」, 『의사학』 21(1), 25-65, 2012, 27쪽.

53   신동원, 「일제강점기 여의사 허영숙의 삶과 의학」, 『의사학』 21(1), 25-65, 2012.

이 쓴 "여학생(女學生)에게 의학연구(醫學硏究)를 권고(勸告)"라는 글의 영향일 가능성이다. 다른 하나는 1909년 4월 28일 당시 정부가 해외유학을 마치고 돌아와 사회발전에 헌신적으로 공헌하고 있는 여성 3인, 김점동(박에스더), 윤정원, 하란사를 격려하는 의미에서 '초대 여자 외국 유학생 환영회'를 700-800여 명의 각계 각층 인사들이 참석한 가운데 민관합동으로 경희궁에서 개최한 사실에 자극받았을 가능성을 지적하고 있다.[54] 1909년 황성신문 5월 5일자에 "박에스더와 하란사, 윤정원씨가 귀국해 여자 교육에 종사함과 생명에 근무함을 감복해 경희궁에서 환영회를 열었다"며 "여자를 교육함은 초유한 미사(美事)라 여자 학업이 앞으로 발달됨은 가히 찬하하겠도다"고 썼다.[55] 고종 황제는 이때 직접 은장을 수여했다고 한다. 당시 이 사건들은 분명 여학생들에게 큰 영향을 주었을 것이라 짐작할 수 있다.

최초의 동경여자의학전문학교 조선유학생

허영숙은 1914년 17세 되는 해에 일본 유학길에 올라 동경의 동경여자의학전문학교(현 동경여자의과대학)에 입학하여 조선여성으로는 최초의 입학생이었다. 1918년(21세) 7월에 졸업하였다. 전술한 바와

---

54 이방원, 『박에스더』, 이화여자대학교출판문화원, 2018, 134쪽.

55 『국민일보』 2016.1.29. 「"하란사 바른 이름은 김란사 기생 출신 첩 아니다"… 남동생 손자 김용택씨 "신상 기록 잘못" 증언」.

같이 신동원의 기록에 의하면 귀국한 허영숙은 1918년 10월 2일[56]에 총독부의원에서 실시한 의사시험에 합격하였다고 하였다.[57] 요시오카 여자의학교[58]는 1900년 개교 이후 동경여자의학전문학교로 1912년 승격되었지만 허영숙이 입학할 당시에는 졸업 후 총독부에서 실시하는 의사시험에 합격해야 의사면허를 취득할 수 있었다. 후에 1920년 졸업생부터는 졸업과 동시에 의사면허를 받을 수 있게 되었다고 한다.

동경여자의학전문학교 재학시절 역시 유학중이던 1917년 이광수를 만나게 되는데 허영숙은 그의 건강을 돌보다가 가족들의 반대 등

---

56   한국여자의사회의 『한국여자의사 90년』 21쪽 기록에는 1918년 10월 20일에 의사시험을 치른 것으로 기록되어 있으나 최주환의 연구, 「제2차 유학시절의 이광수」, 『춘원연구학보』 4, 93-135, 2011. 126쪽에 의하면 춘원 이광수의 편지에 의사시험 시작일이 10월 2일로 기록되어 있고, 10월 중순에는 허영숙과 이광수가 북경으로 함께 여행을 한 것으로 기록되어 있다.

57   2022년 5월까지 발간된 허영숙과 관계되는 논문에는 모두 허영숙의 의사면허 취득이 1918년 이라고 되어 있다. 필자가 『조선총독부관보』를 2018년, 2019년 모두 자세히 살펴보았으나 허영숙의 의사면허에 대한 『조선총독부관보』는 안수경 편에서 이미 논의한 바와 같이 1919.11.28자 『조선총독부관보』 제2195호에 실렸듯이 1919.10.10에 의사면허취득자이며 면허번호 348호로 기재되어 있다. 아마도 여러 상황이 발발했을 수도 있지만 여러 추측이 가능하다. 1918년에 1차 시험을 보고(그러나 『조선총독부관보』에는 기록이 없다) 10월에 춘원과 북경에 갔다가 11월 말, 혹은 12월에 다시 조선으로 돌아온 후, 기록에서와 같이 1920년 영혜의원을 개업할 때까지 1년여를 조선총독부의원에서 수학하였다 하므로 그 기간이었던 1919년 다시 시험을 보았을 가능성도 있다. 이 1919년 『조선총독부관보』 기록이 맞다면 허영숙의 면허취득은 안수경, 김영흥, 김해지보다 확실하게 1년 늦다고 보아야 할 것이다. 그러나 안수경, 김영흥, 김해지는 시험을 보지 않고 졸업과 동시에 의사면허를 취득했고, 허영숙의 경우는 1918년에 졸업하여 졸업과 동시에 의사면허증을 취득하지 못했다. 동경여자의학전문학교도 1920년 졸업생부터는 졸업과 더불어 의사면허증을 취득하였으므로 면허증 여부로 논란을 하는 것은 허영숙의 입장에서는 참으로 난감한 논의임에 틀림없다.

58   당시에는 여의사 양성의학교로 요시오카동경여자의학교만 존재했다. (요시오카)동경여자의학교는 1900년 일본의 여의사 요시오카 야요이(吉岡彌生)의 개인병원에서 의학교를 시작한 4년제 학교이다. 동경여자의학교는 설립한 지 12년이 지나서야 의학전문학교로 승격이 되었으며, 이보다 늦은 1920년이 되어서야 졸업생이 자동으로 면허를 취득하는 문부성 지정학교가 되었다. 『Wikipedia-Japan』 '吉岡彌生' 참조.

역사를 만든 여의사들

젊은 시절의 허영숙(왼쪽)과 노년의 허영숙(출처: 여성경제신문)

우여곡절이 있었으나 1921년 결혼에 이르게 된다. 한국근대문학의 거목 춘원 이광수의 부인으로서 알려지는 바람에 허영숙 본인의 능력과 한국사회에서 여성선구자로서의 역할이 오히려 드러나지 않은 측면이 있다고 생각된다. 여러 기록에 의하면 두 사람이 만나던 초기부터 이광수가 폐결핵을 앓고 있음을 알았고 1918년 2월부터는 각혈까지 하며 그 후에도 몇 번이나 사경을 헤매던 이광수가 건강을 유지하고 걸작들을 남길 수 있기까지는 부인 허영숙의 애정과 헌신적인 간병이 있었음을 간과할 수 없다.

이광수와의 관계를 잠깐 살펴보면 1918년 7월 졸업 후 귀국을 앞둔 허영숙에게 이광수가 정식으로 청혼하지만 거절당한다. 허영숙의 모친 반대는 물론 세상이 '죄악'으로 비난하는 (부인있는 남자와의 혼인) 일을 할 수 없다는 이유에서다.[59] 그러나 지속적인 춘원의 구애편

---

59 최주환, 「제2차 유학시절의 이광수」, 『춘원연구학보』 4, 93-135, 2011, 124쪽.

지로 결혼은 3년 후에 조건부로 예정하자는 승낙을 하기에 이른다. 허영숙의 귀국 후에도 이광수의 끈질긴 구애와 설득은 계속되었고 이광수는 9월에 아들 딸린 처 백혜선과 이혼을 성사시켰다. 그래도 여전한 허영숙 모친의 반대와 다른 사람과의 억지 혼인 압박 등으로 10월 중순에 이광수와 허영숙은 중국 베이징으로 도피여행을 한다. 그러나 베이징에서 1차세계대전의 종전소식을 접한 이광수는 11월에 귀국하고 다시 12월 동경으로 가서 3·1 독립운동의 단초가 되는 그 유명한 「2·8 독립선언서」 준비작업을 하게 되었다.

최초의 개업 여의사: 영혜의원

당시 영혜의원 개업광고
(『동아일보』 1920년 5월 1일자)

베이징에서 귀국한 허영숙은 조선총독부의원에서 주로 산부인과와 소아과를 전문으로 하는 임상 수련을 1년간 했다. 또한 함흥지방 병원에서 얼마동안 실습도 했다고 한다. 그리고 1920년 5월 1일에는 처음으로 모친과 함께 살고 있던 서울 서대문정 1정목 9번지, 즉 서대문 1가 9번지 자택을 개조하여 영혜의원을 개원하였다. 주로 여성과 아동들을 위해 산부인과, 소아과, 내과 등을 진료했는데 우리나라 최초로 여의사가 개업한 의원이었다. 병원 이름인

'영혜의원'의 '영'은 '허영숙'의 '영'을 뜻하는 것이고, '혜'는 '광혜원'이나 '혜민서'에 들어간 의술을 베푸는(시혜하는) 곳이라는 뜻이다.

이광수는 동경에서 「2·8 독립선언」 직후, 곧바로 상해로 탈출해 임시정부에 몸을 담아 기관지 『독립신문』의 주필이 되었다. 그는 허영숙에게 그곳에 와서 살림을 차리자고 요청했지만 개원까지 한 허영숙은 이광수에게 빨리 상해 생활을 정리하고 귀국할 것을 종용했다. 한동안의 갈등 과정을 거쳐 이광수의 절절한 구애로 1921년 2월 허영숙은 상해로 갔다가 일주일 만에 귀국하고 이어 이광수가 3월 말 도산 안창호의 반대에도 불구하고 귀국하여 5월에 두 사람은 결혼하기에 이른다. 4년여 이광수와 허영숙 사이에 오간 편지가 1,200여 통이라 한다.[60]

다양한 삶의 행보

한편 1920년 4월 1일 창간한 『동아일보』에 허영숙은 5월 10일 신문논객으로도 데뷔했다. 「화류병자의 혼인을 금할 일」이라는 주제여서 신랄한 논란 거리가 되기도 하였다.

개업 3년여가 지난 후 다시 동경제국대학으로 3년간의 유학을 결행한 허영숙은 일본 생활에 좌절하고 4개월 만에 돌아와서는 개업을 하

---

60   신동원. 「일제강점기 여의사 허영숙의 삶과 의학」. 『의사학』 21(1), 25–65, 2012.

동경여자의학전문학교 1호 유학 여의사 허영숙과
춘원 이광수 가족(출처: 민음사)

지 않고 쉬고 있었다. 1924년 남편의 건강이 악화되자 허영숙은 『동아일보』의 정식기자가 되어 2년여 기자생활을 하였고 1925년말부터 1927년 3월까지는 학예부장을 맡기도 했다. 기자 허영숙은 전문 분야를 살려 의학상식, 육아,

가정 등에 관한 기사를 썼다. 이를테면, 1925년 9월부터 10월까지 『동아일보』에 「어린아이 기르는 법」(41회), 「조선여자의 천직」(3회) 등을 연재하여 자녀 양육법과 여성의식계몽 등에 앞장 선 활동은 당시 신여성의 역할을 충실히 수행한 셈이다.

왕성하게 기자생활을 하던 중 허영숙의 기자 활동을 멈추게 한 것은 오래 기다리던 임신이었다. 1926년 7월경 임신이 성공하자 1927년 3월 신문사를 떠난 그는 같은 해 5월 30일 첫아들 '봉근'을 출산한다. 그 후 2년 터울로 2년 후 차남 '영근'이 태어났고, 4년 후 장녀 '정란', 다시 2년 후에 차녀 '정화'가 태어났다. 허영숙은 한동안 가정과 아이를 돌보는 일에 몰두했다. 그러한 중에 허영숙에게 충격적인 사건이 일어났다. 1934년 2월 18일 첫아들이 친구와 놀다가 밀려 넘어져 쇠조각을 스친 상처가 패혈증으로 발전해 갑자기 사망함으로써 허영숙은 1년 이상 방황하였다.

1935년 8월 심기일전하여 삶의 보람있는 일을 찾고자 37살에 어린

역사를 만든 여의사들

3남매를 집에 남겨놓고 3차 일본유학을 결행한다. 일본 적십자병원에서 조수로 일하며 6세, 2세, 생후 6개월 된 세 아이와 유모를 동경으로 오게 하여 함께 돌보며 자신도 열심히 공부하였다. 3년 계획으로 박사과정을 끝내려고 진력했으나 이광수의 동우회 사건으로 인한 체포 소식을 듣고 1년 반 만인 1937년 6월에 귀국할 수밖에 없었다.

8월부터 산원 건축에 들어가 1938년 5월 31일 효자동 175번지에 해산전문병원 허영숙산원을 열었다. 최초의 민간 산원이 개원된 것이다. 조선식 온돌방으로 병실 20여실을 갖추고 어려운 사람에게는 실비로 진료를 했다고 전해진다. 허영숙은 가족의 생계를 책임져야 했다. 이광수는 출옥 후 친일활동을 시작했고 허영숙과의 불화도 잦아졌다. 전처 아들의 문제와 두 사람의 가치관, 특히 경제관 등에 큰 차이가 있었다고 한다. 해방 직후 이광수가 반민특위에 회부되자 남은 가족을 지키기 위해 1946년 허영숙은 남편과 합의 이혼을 했다.

이광수는 전쟁 난 다음 달인 1950년 7월 12일 여름 인민군에게 납북되었고 그 후론 생사를 알 길이 없었다. 실제로 이광수는 납북 석달 후인 1950년 10월 사망했으나 가족이 그의 사망을 확인하게 된 것은 수십년 후의 일이다. 6·25 전쟁이 끝나고 허영숙은 남편의 소설과 글들을 모아 전집을 출간할 생각으로 1956년 이광수의 '광'과 허영숙의 '영'을 합친 이름의 광영사라는 출판사를 효자동의 자택 겸 병원이었던 허영숙 산원에 세우고 등록하여 전집 출판 작업에 착수하였다. 그러나 흩어져있는 글들을 모아 전집을 만든다는 것이 결코 순조롭게 진행되는 작업이 아니었다. 광영사 이름으로 남편의 원고를 모두 모아 1963년에 『춘원선집』 24권을 내긴 했지만 내용이 미진하였다. 결국은 몇 년 후 조직이 갖춰져 있는 삼중당의 도움을 받아서 제대로 된 『이광수 전집』 20권을 출간하기에 이른다. 삼중당에서의 전집 출간은 1960년대에 수년에 걸쳐 진행됐다.

허영숙은 여의사로서 의료계에서도 선구자로서 공이 컸고 기자로서도 사회에 미친 영향이 지대했으나 춘원 이광수의 아내라는 자리로 인해 본인의 업적이 상대적으로 과소평가되었다는 점이 아쉽다. 20여 년이나 생사를 알 길 없었던 남편 춘원 이광수의 기념비 건립을 위하여 자녀들이 있는 미국에서 1975년 돌아와 기념사업을 추진 중 쓰러져 1975년 9월 7일[61], 77세로 타계하였다.

---

[61] 허영숙의 사망일도 9월 5일, 7일, 8일 등 다양한 기록들이 있다. 허영숙의 삶을 다룬 신동원의 2012년 논문에도 허영숙의 생년월일과 사망일에 대한 기록은 없다. 허영숙이 미국에서 귀국하여 춘원 이광수 기념비 설립 준비하던 중 영면하였으므로 남양주향토문화백과, 춘원 이광수기념비 편 기록에 의거하여 9월 7일로 인용한다.

역사를 만든 여의사들

4. 정자영(鄭子英, 1896-1970)

정자영(1896-1970.4.28.)은 1896년 서울 출생으로 진명여고보를 1912년 2회로 졸업하였다. 졸업 후 모교에서 교사로 재직하다가 동경여자의학전문학교에 유학하게 되었다. 진명여고보 졸업 당시 나이 16세였고 조혼의 관습에 따라 집안의 중매로 2015년 3세 연하인 중학생 문목규와 결혼하였다.

결혼한 정자영은 질환이 있던 남편의 병을 고쳐야겠다는 개인적인 사정도 있고 해서 의학을 공부하려는 의지를 갖고 일본유학을 결심하였다. 그러나 그의 결의는 난관에 부딪쳤다. 남자들도 유학을 주저하던 때라 친정은 물론 시가에서도 극구 반대하였다. 정자영은 진명여학교 1년 선배인 허영숙이 동경여자의학전문학교에 재학중이라 동경유학생활에 대한 정보를 갖고 있었기 때문에 양가 어른들에게 끈질기게 호소한 결과 허락을 얻어 단신 동경으로 떠났다. 정자영은 동경여자의학전문학교를 1920년에 졸업했는데 허영숙의 유학시절과 달리 이때부터는 졸업과 함께 의사면허를 취득하였다.

곧 뒤를 이어 중학교를 마친 남편 문목규가 일본에 가서 교토 제3고등학교를 마치고 교토제국대학 의학부에 입학하였다. 정자영은 졸업 후 1년 동안 남편이 수학 중이던 교토제국대학 산부인과에서 실습하고 남편보다 앞서 귀국하였다. 동대문부인병원에서 의사로 지내다가 1923년 경성부 수은동(현 종로구 묘동)에 내과, 소아과, 산부인과를 진료하는 병원 '진성당 의원'을 개업했다.

남편 문목규는 1926년에 교토제국대학을 졸업하여 윤일선에 이어 두 번째로 교토제국대학 의학부 한국인 졸업생이 되었다. 1931년 7월 교토제국대학 의학부에서 박사학위까지 취득하였다. 문목규도 귀국 후 조선총독부의원에서 일했으며 1928년부터 1936년까지 강원도 도립의원과 의관을 지냈다. 그 후 돈화문 근처에 '경성 진성당 의원'을 개원하여 부부의사로서의 명성을 떨쳤다. 하지만 문목규는 의사로서 한창 때라고 할 수 있는 53세에 세상을 떠났다.

정자영을 비롯하여 동경여자의학전문학교 유학생들은 일본 유학생 독립운동의 주역이었다. 동경여자의학전문학교를 졸업하거나 재학 중이었던 이들도 일본 유학생 독립운동에 다양한 방식으로 관여하였다. 특히 일본 유학생을 중심으로 새롭게 등장한 여성권익운동에서 동경여자의학전문학교 출신들은 중심적 역할을 담당하였다. 허영숙, 정자영, 유영준, 현덕신, 길정희 모두 재일본동경여자유학생친목회(在日本東京女子留學生親睦會)와 직접적 연관을 맺고 있었다. 이들은 잡지 『여자계』[62]를 창간한 바도 있다. 허영숙은 황애시덕, 나혜석

---

62 『여자계』는 1917년 동경에서 유학 중인 조선인 여학생들이 한국의 여성들을 계몽하기 위하여 발행한 회보다. 원래는 1917년 6월 평양 숭의여자중학교 동창회 잡지부에서 창간하였지만, 동창회의 승인을 얻어 잡지인가를 동경여자유학생친목회에게 양도하여 친목회의 기관지로 변경하여 발행되었다. 동경여자유학생친목회는 1917년 10월 17일 임시 총회를 개최해 『여자계』 발간을 만장일치로 결정하고, 이미 창간된 『여자계』의 인가를 양도받았다. 편집부장에 김덕성, 부원으로 허영숙, 황애시덕(黃愛施德, 황에스더), 나혜석, 편집 찬조로 전영택과 이광수를 선출하여 편집진을 구성하였다. 1918년 3월 도쿄에서 발간된 2호는 친목회의 편집부장인 김덕성이 편집 겸

역사를 만든 여의사들

과 함께 『여자계』의 초대편집부원을 지냈으며 정자영은 친목회 서기로, 현덕신은 회계로 일했다.

이 글의 현덕신 편에서 더 자세히 이야기하겠지만 정자영, 길정희도 근우회 발기인 참석 등을 통해 여학생 운동에도 함께 한다. 또한 근우회가 해산된 후 각계에서 활동하거나 혹은 침묵하던 동경여자의학전문학교 출신들은 경성여자의학강습소 설립과 기성회 발기 건으로 다시 모이게 되었다. 정자영도 물론 이 운동에 적극 나선다. 유영준, 허영숙, 길정희, 현덕신, 정자영 모두 동경여자의학전문학교 재학시절 로제타 홀 여사와 연락을 주고받았으며 졸업 후 현덕신, 길정희, 유영준은 물론 정자영도 동대문 부인병원에서 잠시 일한 바 있다.

정자영은 의사로서 사회적 이슈에 대한 의견도 활발히 표출하였는데 유영준이 제도와 근본적인 문제점 제시에 주력했다면 정자영은 전문의료인으로서 의견 제안이 주를 이루었다. 정자영은 1938년, 여성으로서는 최초로 한성의사회 임원으로 선출된 바도 있지만, 친일성향의 견해를 피력한 『매일신보』 인터뷰도 발견할 수 있다.[63]

1948년 대한민국 정부가 수립된 후 1949년 부군과 함께 사재를 털어 '은성재단'을 설립하여 장학생들에게 학비를 주고 있던 1950년, 한국전쟁이 발발, 1952년에는 부군의 사망으로 난관을 겪으면서도

발행인이었으며 이후 황애시덕으로 변경되었다가 4호는 주관자가 여자학흥회로, 편집 발간은 여자유학생회로 변경되었다. 제6호는 유영준이 발행인으로 변경되어 잡지 발행의 어려움을 확인할 수 있다. 7호를 마지막으로 종간되었다.(출처: 한국민족문화대백과사전, 여자계(女子界))

63   최은경, 「일제강점기 조선 여자 의사들의 활동」, 『코기토』 80, 287-316, 2016.

장학사업을 계속하여 의과대학생 7명을 포함하여 1백여 명의 학생들에게 장학금을 수여하였으나 1967년 자금사정으로 인해 은성재단의 문은 닫게 되었다. 이 공로로 그는 1967년 대한어머니회로부터 '훌륭한 어머니 상'을 수상했다. 1970년 4월 28일 75세를 일기로 세상을 떠날 때까지 개업의로서 진료활동을 계속하였다.[64]

64 주양자, 남경애, 류창욱, 김신명숙, 홍예원, 『우리나라 근·현대여성사에서 여의사의 위상에 관한 연구 – 박에스더 이후 시대의 지도자로 활약한 여성의사의 사회활동을 중심으로』, 의료정책연구소, 2012.

역사를 만든 여의사들

5. 현덕신(玄德信, 1896-1963)

현덕신(1896.1.12.-1963.11.27.)의 본적
은 공훈전자사료관 자료에 의하면 경기도 수
원 신풍 265로 되어 있으나 황해도 해주에서
선교사 아버지를 둔 기독교 가정, 연주 현씨
현종국과 김유순의 1남 2녀 중 막내로 태어났
다.[65] 그는 1911년, 15세에 경성으로 유학해

현덕신(출처: 공훈전자사료관)

이화학당 중등과를 졸업하였다. 1915년 6월부터 진명여학교 교사[66]로
지내다가 일본 유학길에 나섰다. 현덕신은 1917년 동경여자의학전문
학교에 입학하여 1921년 졸업하고 1922년 귀국하였다.

일찍이 여성운동에 눈떠

동경 유학시절 현덕신의 활동을 살펴본다. 현덕신은 동경여자의학
전문학교 재학생들과 함께 동경여자유학생회 안에서 중요한 역할을

---

65 이동순, 「여성운동가 현덕신 연구」, 『문화와융합』 42(1), 575-595, 2020.
66 『매일신보』 1915.6.2.

하며 유학생 간의 친목 도모와 배일사상 고취와 애국심 고양활동을 전 개하였다.[67] 허영숙, 정자영이 동경여자의학전문학교를 졸업한 후 유영준, 현덕신, 송복신, 한소제, 길몌석(길정희), 이덕요, 전혜덕 등 동경여자의학전문학교 재학생들은 독자적 조직화를 꾀하였다. 유영준과 현덕신은 1920년부터 새로이 '여자학흥회'를 조직하며 유영준이 회장, 현덕신은 부회장, 송복신과 한소제는 서기를 맡았다. 1921년 1월 발행된 『여자계』 6호에는 여자학흥회 임원으로 회장 유영준, 서기 전혜덕, 편집부원 현덕신, 재무부원 길몌석(길정희), 이덕요 등도 참여했다. '여자학흥회'는 여자친목회들 가운데 유영준을 중심으로 독자적으로 『여자계』를 발간, 경영하기 위해 따로 조직한 단체라고 말할 수 있다.

현덕신은 1918년 『여자계』 3호에 「졸업생제형(卒業生諸兄)에게 들임」라는 제호의 글에서 졸업하는 여자 선배들에게 상당한 기대감을 표현하며 "여러분의 졸업이야말로 우리 반도에 유사 이래로 초유한 귀한 사실이오며 캄캄하든 우리 여자계의 번쩍하는 귀한 광명이외다. 여러분이 나가셔서 불완전한 사회를 완전하게 하시고 유유한 사상을 계발도 하셔야 되겠습니다"라고 했다. 새 시대에 대한 기대의 글이었다.

1920년 6월에 발간된 현덕신의 글에서는 "1919년(3·1 운동)의 수호가 과연 무엇인가, 광명일가 진리일가 평화인가, 활발한 긔운인가"

---

67 최은경, 「일제강점기 조선 여자 의사들의 활동」, 『코기토』 80, 287-316, 2016.

라고 되묻고 "금수는 날 수나 잇고 길 수나 잇거니와 우리 조선반도 남녀청년들은 엇더한 사람다운 춤을 추며 노래를 하엿는가"라며 답답하고 허탈한 심경을 토로한다. "1920년 새로운 봄, 새로운 태양을 맞을 때 다시 우리 마음에 통절이 공명한다"라고 하지만 "혁혁한 일광은 능히 일만 미균을 근절할 수 잇쓰며 천래의 비는 일만 수육을 양육할 수 있으니…… 새로이 암흑을 탈출하고 구구한 자유생활의 즐거움을 밧자"고 정리하고 있다. 즉, 3·1 운동의 실패로 인한 절망을 추스리고 앞으로 나아가자고 말하고 있다.

3·1 운동의 실패를 같이 겪으면서 현지에 남아 운동을 추스렸던 유영준, 현덕신은 함께 '동경노동동지회'가 1920년 1월 개편된 '조선고학생동우회(朝鮮苦學生同友會)'에 참여했다. '조선고학생동우회'는 이후 재일유학생과 지식인들의 사상단체 '흑도회'의 모체가 된다. 현덕신은 훗날 국내 사회주의 여성운동, 여성교육운동을 대표하게 되는 황신덕, 그리고 이후 자신의 배우자가 되는 최원순(崔元淳)과 함께 동경 히비야공원에서 1920년 3·1 운동 1주년을 기념하여 태극기를 뿌리며 시위하였다.

귀국 후 활동

현덕신은 졸업 후 1922년 초 귀국하여 부인성서학원에서 지내면서 활동했다. 1년 후인 27세 때인 1923년 6월 16일, 와세다대학 졸업생이자 동경에서 2·8 독립선언에 함께 참여한 바 있던 『동아일보』 정치부장 최원순과 결혼했다. 이때 이미 최원순은 2·8 독립선언을 주도하다 피체되어 당한 고문 후유증으로 건강을 해친 상황이었는데 그의 건강을 돌보면서 가까워져 결혼에 이르게 되었다. 결혼 무렵부터 동대문 부인병원에서 의사생활을 시작했고 정신여학교에서 가르치기도 했다. 1924년 무렵에는 동대문 부인병원에 아침마다 출퇴근하면서 간호부들에게 간호학과 생리위생학을 가르치는 한편, 기독교 여자청년회 회장이 되어 강연에도 참여하는 등 활발한 사회활동을 전개해 나갔다.

남편 최원순은 1896년 12월 17일 출생으로 본적은 전남 광주 수기옥 299번지다. 1917년 3월 일본 동경 와세다(早稻)대학교 정경과(政經科)에 입학한 후 그해 12월 29일 동경 조선기독교청년회관에서 개최된 조선학생동서연합웅변대회에 나가 고국의 처지를 생각해 낭비경계와 학업 충실에 대해 호소했다. 이후 1919년 2월 8일 일본 동경 조선기독교청년회관에서 개최된 유학생대회에 참여해 조선청년독립단 조직과 독립운동 실행방법 등에 대해 논의한 바 있다.

최원순(崔元淳, 1896.
12.17.–1936.7.6.)
(출처: 공훈전자사료관)

1922년 6월 귀국한 후 상하이의 정일성(鄭一聲), 고권삼(高權三) 등과 연락하며 러시아, 중국 등의 국제정세와 독립운동 등의 소식을 교환했다. 1926년 8월 22일 『동아일보』 기자로 재직할 때 『동아일보』 1면의 「횡설수설」 코너

역사를 만든 여의사들

에 일제의 공산주의자 체포, 언론 탄압, 집회 금지 등을 언급하며 일명 '문화정치'에 대해 비판했다. 이후 신간회 창립에도 관여하였고 신간회 경성지회 조직과 조선웅변연구회 창립 등에 참여하며 지속적인 활동을 이어나갔다.

최원순은 이에 앞서 동경 유학 중에 2·8 독립선언에 참여해 체포됐다가 방면됐던 항일 활동으로 이른바 '요시찰인(要視察人)'이 돼 일제의 감시를 받았다. 『동아일보』기자로 게재한 항일기사건 혐의를 받아 1926년 10월 4일 경성지방법원(京城地方法院)에서 이른바 '보안법(保安法) 위반'으로 징역 6월을 선고받았다. 이후 공소를 제기해 12월 20일 경성복심법원(京城覆審法院)에서 징역 3월로 감형됐다. 그러나 상고를 제기해 1927년 2월 17일 고등법원(高等法院)에서 면소됐다. 정부는 2020년에 건국포장을 추서하였다.

여자의학강습소 설립시 현덕신의 활동

여자의학강습소 설립에서의 현덕신의 역할을 잠시 살펴본다. 1926년 11월 22일, 로제타 홀의 회갑연이 계기가 되는데, 이 날은 1년 미룬 회갑축하일 뿐만 아니라 로제타 홀이 조선에서 의료선교사로 일한 30년 너머의 헌신을 기념하며 여러 지인과 단체가 합동으로 명월관에서 회갑연을 열었다. 이화학교 교의였던 유영준의 기념사와 동대문병원에서 일하고 있던 현덕신의 기념품 증정, 하객들의 축사 끝에 로제타 홀이 답사를 하며 여자의학전문학교 설립을 촉구했다.

그 행사 일주일 후인 1926년 12월 1일자 『기독신문』에 현덕신은 기고[68]를 통해 다음과 같이 여성의사 양성을 위한 여성전문 의료기관 개설만이 조선여성을 구호하는 길이라고 역설했다.

"근래 서양 문명의 영향으로 여자 교육이 다소 보급되는 중에 있지만 실제 사회생활에 있어서는 여전히 여자는 사회인이 되지 못하고 가 정인이다… 다수가 과학적 지식에 애매하고 위생에 무식할 뿐만 아니 라 옛적부터 내려오는 풍습, 습관이 이러하니 이 부녀의 생명을 위해 서는 여의사가 필요하다… 남자와 여자가 공동으로 병원을 경영하게 되면 조선의 일반 부녀들은 그 병원은 남자병원과 다름없이 생각이 들게 되므로 여자가 경영하고 여자환자만 보는 병원이 필요하다."

주목할만한 사건도 있다. 현덕신의 단발머리가 장안의 관심거리로 신문기사에도 실렸는데, 그 당시 신여성에 대한 관심의 하나라고도 할 수 있다. 『조선일보』 1926년 7월 4일자 기사 중 「이야기거리」 난 에는 여의사의 단발이야기 기사가 있다. [69]

---

68 현덕신, 「朝鮮에 女病院이 必要한 理由」, 『기독신보』 제11권 제48호, 1926.12.1.
69 『조선일보』 1926.7.4. 「이야기거리」.

일즉이 동경녀자의학전문학교를 졸업하고 현재 시내 동대문부인병원에서 산부과를 마터보는 현덕신(玄德信)씨는 조선녀류의학계에 자못 명성이 자자한 의사인데 본월 일일 하오 오시경에 동대문안 자택에서 단발을 하엿다 ▲씨는 동업 동아일보긔자 최원순(崔元淳)씨의 부인으로 어린아들을 다리고 한편으로 살림을 하여가며 직업을 붓들게 되야 일분의 여유를 엇지 못함으로 하로에 한번이나 두번 머리 빗는 시간까지도 경제하기 위하야 여러달 동안 벼르고 생각하여 오든 머리를 마즘내 버혀바리고 말엇다는 바 녀사는 단발한 리유를 말하되

『그저 실생활의 편리를 도모하고저 하는 것 뿐이올시다. 그리고 저는 직업이 직업임으로 밤에 자다가도 갑자기 왕진을 하게 되는 일이 비일비재할 뿐 아니라 급한 환자나 방금 해산하려는 산모가 잇는 때에는 일분알초를 다토게 됩니다 그럼으로 저는 무엇보다도 그런 때에 시간을 덜들게 하자는 것이 단발한 첫 목뎍이라고 하겟고 또는 머리를 깍고 보매 생각하든 것보다도 더욱 가든하고 편리하외다 그리고 본시 머리가 짤라서 달레를 듸리지 안흐면 쪽을 찔수가 업더니 이번에는 그런 불편도 업게 되엿습니다』 라고.

『조선일보』 1926년 7월 4일자 기사 「이야기 거리」

광주에서의 생활과 사회운동

남편의 건강이 더욱 악화되자 1928년 현덕신은 외아들과 함께 가족이 모두 광주로 이주하여 광주 충장로에 부인병원을 개원하고 임

산부들과 여성들의 건강을 돌보는 동시에 여성 계몽운동과 문맹퇴치에 적극 앞장섰다. 1930년에는 광주 YWCA 제2대 회장을 맡아 활동하였다. 1933년 남편 최원순의 병세가 더 악화되자 남편의 건강회복을 위하여 증심사 아래 '석아정(石啞亭)'을 짓고 그곳에서 극진히 보살폈으나 1936년 7월, 최원순이 8년간의 투병 끝에 생을 마감함으로써 현덕신은 40세에 남편과 사별하게 되었다.

현덕신은 이후 여성운동에 열정을 기울여 후에 광주를 비롯한 전남 지방의 여성운동의 틀을 세우는데 크게 기여했다. 그는 병원에서 환자를 진찰하면서도 여성들에게 새로운 지식을 알려주고 보수적인 사고와 생각들을 바로 잡으며 기독교의 개화적 입장을 확산시켰다. YWCA 운동은 물론 여성지위향상과 사회운동에도 적극적으로 참여하였고 광복전후에는 건국부녀동맹 초대 부회장으로도 활동하였으며 독립촉성애국부인회 3대 회장, 대한부인회 전남지부 회장 등 다양하게 활약했다.

1948년 봄에는 연희전문학교를 졸업한 아들 최상옥이 유치원을 만들자고 제안하자 여성운동에서 보아도 유아들의 교육은 중요하므로 바로 승낙했다. 병원 내에 신생유치원을 설립하여 60여 명의 어린이를 입학시켜 평소 「애신(愛神)·애인(愛人)·애토(愛土)」 정신을 신앙으로 삼아온 그의 가치관을 실천하였다.

1949년 봄 대한부인회 전남도본부가 창립되고 현덕신은 회장에 선출되어 공창폐지·문맹퇴치·윤락여성 선도 사업 등을 적극 추진했다. 6·25 한국전쟁 때에는 나주군 남평면에 피난을 갔다가 공산군에게

역사를 만든 여의사들

붙들려 갖은 고초를 당하고 그들에게 끌려서 광주 집으로 돌아오게 되었다. 그런데 이미 현덕신의 병원과 유치원은 인민군의 적십자본부로 사용되고 있었다. 그러나 수복된 후에 병원 자리에다 신생보육학교를 세워 보모양성을 했으며 이듬해에는 전남여자대학을 설립, 학장에 취임했다. 그러나 건강에 무리를 한 탓에 자리에 눕게 되자 1년 만에 대학 문을 닫고 학생들은 전남대와 조선대로 나누어 편입시켰다.

부인회 사업으로는 군경원호사업, 전쟁미망인 재활사업, 불우아동 선도 및 구호사업을 적극적으로 추진하였다. 특히 전쟁미망인 재활사업은 이들의 생계대책을 마련해주기 위해 각종 기술교육을 시키고 모자수용소를 설립하여 임시거처를 마련해주기도 했다. 이처럼 광주 최초 여의사였던 현덕신은 신생유치원 설립에 이어 신생보육학교를 세워 인력양성에 힘을 쏟았다. 1955년부터는 운영하던 부인병원의 문을 닫고 유치원과 교육사업에 전력하였다.

1957년 2월에는 신생보육학교의 첫 졸업생이 나왔다. 신생보육학교 졸업생들이 유치원이나 고아원 등 각종 시설로의 진출이 늘어나고 신생유치원 원아의 수도 점차 증가하는 등 유치원과 보육학교가 나날이 발전하자 그는 교육 사업에 더욱 전력을 다하였다. 그의 쉼없는 열정은 자신의 건강을 돌볼 겨를도 없었으므로 건강에 무리가 와서 1960년 가을 유치원에서 쓰러지고 말았다. 주변 사람들의 온갖 정성과 간호에도 불구하고 투병 3년만인 1963년 11월 27일, 67세로 영면하였다.

현덕신은 동경에서 3·1 운동 1주년을 기해 만세운동을 하다가 체포되었다. 이후 이른바 '요시찰인(要視察人)'으로 일제의 지속적인 감시를 받았다. 정부는 2020년에 건국포장을 추서하였다.

그의 사후에 여러 사람들이 뜻을 모아 세운 동상의 비문에는 「여성을 위한 횃불」이라는 제하에 – 한 지사의 슬기로운 아내, 한 아들의 알뜰한 어머니, 그리고 나라의 딸들을 길러 겸허한 삶을 다한 분이다 – 라고 새겨져 있으며, 현덕신의 생전에 절친했던 노산 이은상 선생의 글과 이영생(李永生)의 글씨이다. 그리고 외아들 최상옥의 뜻으로 세워진 비문의 다른 한 면에는 다음과 같은 글이 새겨졌다.

"정의의 붓을 들고 겨레 앞에 외치던 임,
청춘의 정렬을 품고 어찌 그리 쉬가던고
외로이 남은 짝이 임의 뜻 이어받아
평생을 여성교육에 그의 몸 바치시더니
두 님이 서로 그려 앞서 가고 뒤따르고
오늘은 한데 드시오니 웃고 반기시구려.
어질던 모습들이야 찾아뵐 길 없다해도
뜻일랑 길이 전하여 이 고장에 빛나리다."

역사를 만든 여의사들

6. 송복신(宋福信, 1900-1994)

송복신은 1900년 평양부 차관리에서 송상정씨의 장녀로 태어나 1916년 평양 숭의여학교를 졸업하고 1922년 동경여자의학전문학교를 졸업했다.[70] 평양의 숭의여학교 시절 1913년 이화학당을 졸업하고 숭의여학교 교사로 활동하던 황애시덕의 지도로 1910년대 여성들이 조직한 유일한 비밀결사이자 일제강점기 민족운동조직의 시발점이기도 했던 애국여학생 비밀결사체인 송죽회(松竹會)[71] 20명의 창립회원으로 활동했다. 특히 동경유학 당시에도 동경여자유학생회를 조직해 동경여자의학전문학교 학생 정자영, 현덕신, 유영준과 황애시덕[72], 나혜석과 함께 2·8 독립운동의 확산을 위해 민족자결운동에 관한 비밀문서를 지니고 국내에 잠입해 3·1 운동 정보연락책을 맡는 등 학생

---

[70] 『동아일보』1922.11.11.

[71] 송죽회(松竹會): 1913년경 평양에서 조직되었던 여성독립운동단체로 이름 송죽회는 절개의 상징인 소나무와 대나무의 합칭이며, '송죽결사대'라고도 하였다. 독립군의 자금 지원, 망명지사의 가족 돕기, 독립을 위한 회원들의 실력 양성을 목적으로 하였다. 평양숭의여학교의 교사 김경희(金敬熙, 敬喜)·황애시덕, 졸업생 안정석(安貞錫) 등 3명이 재학생 중 애국심이 투철한 박현숙(朴賢淑)·황신덕(黃信德)·채광덕(蔡光德)·이마대(李馬大)·송복신(宋福信)·이효덕(李孝德)·김옥석(金玉石)·최자혜(崔慈惠)·서매물(徐梅勿)·최의경(崔義卿)·이혜경(李惠卿) 등 20명을 선발해 조직하였다.(출처: 한국민족문화대백과사전, 송죽회(松竹會))

[72] 황애시덕(1892-1971): 숭의여학교 교사로 재직하다가 로제타 홀의 권유로 1918년 동경여자의학전문학교에 유학하게 된다. 황에스더, 황애덕 등의 여러 이름으로 알려져 있다. 이 책에서는 초기 한국여의사 9명만을 자세히 다루고 있으나 후속 작업은 진행중이다.

송복신과 박정의 동경여자의학전문학교
졸업을 알리는 기사
(『동아일보』 1922년 11월 11일 일자)

독립운동의 일선에 나섰다.

그는 학생시절부터 적극적인 성격으로 성악기량도 뛰어나서 이왕직 양악대, 경성악대 등 120명 악사의 반주에 맞춰 독창회[73]를 하기도 했고 '숭의음악급 강연회'[74]에서 독창을 하는 등 평양은 물론 많은 음악애호가들 사이에도 알려진 인물이었다고 한다.

그 후 미국 미시간 대학(미시간 대학, 혹은 미시간 주립대학, 혹은 캔사스 주립대학 여러 설)으로 유학하여 1929년 미국 미시간 주립대에서 「인종별의 성장차이」라는 논문으로 공중보건학 박사학위를 받아 이 분야에서 한국 최초의 여성 박사가 되었다. 미국 유학시절인 1924년에는 유학생들이 북미조선학생유학회를 결성하였는데 여기서 회계부장(재무부장)을 담당하였다. 미국에서 학위를 받은 후 고향 평양으로 돌아와 차관리에서 잠시 머물렀다. 다시 도미하여 미국 미시간주 공중위생국에 근무하다가 영국인 은행가와 결혼하여 미국에 영주하면서 이후 국내활동 흔적은 찾을 수 없다. 다음 『동아일보』 기사는 1930년 일시 귀국 당시의 기사다.[75] 다만 『한국여자의사회 120년』 기록에 의하면 숭의여고 동창회 소식지에 1953년 남산에 숭의여고

---

73 『동아일보』 1920.7.21.

74 『동아일보』 1921.8.22.

75 『동아일보』 1930.2.6.

朝鮮最初의
女衛生學博士
녀자박사는조선서처음이다
錦衣還鄉한 宋福信氏

송복신의 귀국소식 기사(『동아일보』 1930년 2월 6일자)

앞줄 왼쪽에서 다섯번째가 송복신 박사. 1956년 6월 11일 부부가 숭의여중고 방문 당시
(출처: 『한국여자의사회 120년』)

재건시 기금을 보내왔고, 1956년과 1962년 학교를 방문했던 기록이
남아있다고 한다.[76]

---

76   한국여자의사회, 『한국여자의사 120년』, 한국여자의사회, 2020, 241쪽.

7. 길정희(吉貞姬, 1899-1990)

한몸에 기대를 받은 소녀시절

    길정희(길몃석: 1899.2.3.-1990.)는 1899년 서울 낙원동에서 1남 2녀 가운데 둘째로 태어났다. 길정희는 아버지가 28세에 결핵으로 일찍 별세하신 탓에 3남매 모두 조부모 슬하에서 성장했다. 언니는 일찍 결혼하여 신학문을 익힐 기회가 없었고, 남동생은 요절했다. 조모는 길정희가 자라며 혼기를 놓칠까봐 손녀의 진학을 반대했다. 그러나 구한말 정3품 관직을 지냈고 일본 강점기에는 경무관을 지낸 조부 길인수가 손녀 길정희에게 거는 기대는 컸고 할아버지의 교육열 덕분에 신교육을 받으며 일본 유학까지 할 수 있었다.

    길정희는 1907년 양정소학교를 거쳐 1911년 진명여학교에 진학하였다. 길정희의 자서전에 의하면 당시 경성에는 총독부가 세운 경성여자고등보통학교[77]와 선교학교인 이화여학교, 고종의 계비 엄비가 세운 진명여학교와 숙명여학교가 있었는데, 그 중 상류가정의 자녀들이 많아 '양반학교'라고 불리던 진명여학교에 입학하게 되었다고 한다. 그 후 허영숙, 정자영의 뒤를 이어 진명여학교를 1918년에 졸업

1981년 6월 15일 비매품으로 발행된 길정희의 자서전과
2001년 6월 15일자로 영역된 길정희의 자서전

하고 같은 해 3월말, 동경여자의학전문학교로 진학했다.

동경여자의학전문학교 도착 직후 이미 유학 중이던 허영숙, 정자영, 박정자, 현덕신, 황애덕이 기숙사 길정희의 방에 찾아와 동기 만나듯 친절하게 대해주고, 특히 허영숙은 일본에서의 학교생활 등의 요령까지 알려주었다고 자서전에 기록되어 있다. 1918년 길정희가 동경여자의학전문학교에 입학할 당시 한소제, 유영준이 동기로 함께 입학했고, 허영숙, 정자영, 박정자, 현덕신, 황애시덕은 선배로 재학 중이었다. 동경여자의학전문학교에 입학 후 길정희는 재일본동경여자유학생친목회의 일원으로 여성 권익 운동과 조선 독립을 위한 만세 시위에 참여하였고, 혈서까지 쓰기도 하였다. 또한 1923년 9월 1일, 졸업반이었던 유학 당시 일본에서 경험한 관동대지진 참사는 길정희

길정희
(출처: 길정희의 『나의 자서전』)

에게 민족의식과 의사로서 사명감을 갖게 되는 계기가 되었다고 한다. 당시 한국인들이 방화와 우물에 독약을 풀었다는 등의 유언비어로 일본인 자경단이 재일한국인들을 무참히 살해하는 현장을 목격하게 된다. 그러나 길정희는 무탈하게 1923년 가을 졸업하였다.

길정희가 일본 동경여자의학전문학교 재학 시절 어느 날 로제타 홀과 세브란스 의학전문학교 교수였던 최동의 방문을 받게 되었다. 로제타 홀은 한국에 여의사가 필요함을 역설하면서 졸업후 한국에 와서 여자의사 양성 교육에 관하여 고민하고 실천할 것을 간곡히 권유하였다. 길정희는 졸업하고 귀국 즉시 동대문부인병원을 방문하여 로제타 홀을 만났다. 길정희는 그의 말에 공감하며 졸업 후 홀과 함께 일하는 계기가 되었다.[78]

동경여자의학전문학교를 1923년 졸업하고 가을 일본에서 귀국한 길정희는 조선총독부병원 소아과에서 1년 동안 수련의로 봉직했다. 그리고 1924년부터 동대문부인병원 산부인과, 소아과에서 일했다. 당시 길정희가 받은 월급은 100엔으로 꽤 큰 금액이었다고 한다. 또한 동대문부인병원은 여의사들 뿐이어서 남자의사에게 진료받는 것

---

78 길정희의 막내딸 김상덕의 논문, 김상덕, 「여자의학강습소−1928년에서 1938년까지」, 『의학사』 2(1), 80−84, 1993, 80쪽.

을 꺼리던 여성들에게는 환영받았다고 한다. 심지어 무통분만으로 장안에 소문이 나서 환자들이 많이 찾아왔다고 길정희는 자서전에서 이야기하고 있다. 당시 로제타 홀은 길정희와 여자의학교 설립과 여자의학교육에 대해 만날 때마다 의논하곤 했다.

1925년 길정희는 경성의학전문학교 출신으로 후에 한성의사회 회장(1931-1932)을 역임하게 되는 내과와 신경정신과를 전문으로 하는 의사 김탁원과 결혼했다. 이후 그간 일하던 동대문부인병원을 사직하고 1927년에는 남편과 함께 서소문에서 병원을 개원했다. 김탁원, 길정희 의사부부는 김상희, 김상덕 두 딸을 두었다. 남편 김탁원은 1939년 병사했는데 두 딸은 모두 의사가 되었고 미국에 정착했으나 막내딸 김상덕은 귀국해 고려대학교 의과대학 교수로 봉직하며 경성여자의학강습소 관련 논문을 남기기도 하였다.

1928년 5월 19일, 김탁원과 길정희의 서소문 개인병원에서 조선여자의학강습소 창립총회가 개최되었고 드디어 9월 4일 조선여자의학강습소가 설립되어 국내에서 본격적으로 한국인 여의사 양성을 시작했다. 로제타 홀이 소장, 길정희는 부소장을 맡았다. 장소는 로제타의 남편 윌리암 홀의 해주요양병원 간호사를 지냈고 그 당시는 은퇴하였던 선교사 엘라 루이스(Miss Ella Lewis)의 양옥 2층을 빌려 사용했으며 강습소 비용은 로제타 홀이 부담하였다. 당시 각 의학전문학교 한국인 의사들이 무료로 강의하였다. 길정희는 산부인과학 강의를 담당했다.

좌로부터 길정희, 로제타홀, 김탁원(출처: 길정희의 『나의 자서전』)

1933년 9월 로제타 홀이 은퇴하고 미국으로 귀국한 뒤, 길정희는 남편 김탁원과 함께 조선여자의학강습소의 관리를 인수받게 되었고 감리교의 지원은 중단되는 상황이 되었다. 그 과정에서 정부의 요청으로 경성여자의학강습소로 개칭, 운영하였다. 1935년 4월[79]에는 길정희, 김탁원 부부의 병원이 서소문에서 관철동[80]으로 이전하면서, 창신동에 있던 건물은 선교에 사용키로 결정되어 여자의학강습소를 관철동으로 함께 옮겨 이후는 전적으로 길정희, 김탁원 부부의 힘으로 운영되었다.

1934년부터 길정희, 김탁원 부부는 감리교 재단의 지원이 끊어지고 경성여자의학강습소의 운영에도 재정적 어려움이 심각해지자

---

79 길정희, 『나의 자서전』, 삼호출판사, 1981, 28쪽.

80 길정희·김탁원 부부가 조선여자의학강습소도 함께 옮기기 위해 자신들의 병원을 관철동 410에 있는 2층의 목조건물인 중국요리점 태화관 자리를 구입하여 이 곳으로 병원과 강습소를 옮겼다.

재단법인을 설립하여 여자의학전문학교 승격의 필요성을 역설하였다. 뜻을 함께 하는 많은 유지들과 함께 학교승격운동을 전개하였다. 1934년 4월에는 여러 준비위원회 모임을 거쳐 참여 저명인사 72인의 서명을 받아 재단법인 여자의학전문학교 발기준비위원회 명의의 발기취지서를 발표하기에 이른다. 박영효 위원장을 필두로 김성수, 이광수, 여운형, 윤치호, 장택상, 조동식, 주요섭, 최린 등과 여의사인 길정희, 안수경, 유영준, 한소제, 정자영, 황애덕 등의 이름이 함께 이 위원회에 이름을 올렸다. 김활란, 박인덕, 박현숙, 홍애시덕 등의 여성운동가들도 동참했다.[81]

이 운동을 전개하며 준비위원회와는 별도로 길정희, 김탁원을 중심으로 하는 상무위원회를 조직하여 본격적 실무를 추진하였다. 길정희의 『나의 자서전』 기록에 의하면 그 당시 한성의사회 회장이던 정구충의 도움으로 김성수와 송진우를 통해 호남 재력가 김종익을 소개받고 교섭을 시작하였다고 한다. 처음에는 별로 관심을 보이지 않았으나 딸이 결핵으로 병사한 것을 계기로 1936년 경성여자의학전문학교 설립기성회 이사로 취임하게 된다.

김종익이 1937년 4월 16일 이질로 경성제국대학 부속의원에 입원하게 되었는데 병세가 악화되어 5월 6일 임종 즈음에 유언으로 거액을 경성여자의학전문학교 설립에 기부하였다. 김종익이 서거하자 미망인 박춘자와의 미묘한 오해와 갈등으로 안타깝게도 경성여자의학

---

81   김상덕, 「女子醫學講習所 – 1928에서 1938년까지」, 『의사학』 2(1), 80-84, 1993, 82쪽.

우석 김종익 선생 기성회 이사 취임(『매일신보』 1936년 6월 3일자)

우석 김종익 선생 타계 및 유언(『조선일보』 1937년 5월 7일자)

역사를 만든 여의사들

전문학교 설립의 마지막 과정은 조선총독부와 일본인을 중심으로 진행되었다. 경성여자의학강습소의 제3회 입학생부터 제5회 입학생까지는 경성여자의학전문학교에 편입되었다.

1939년 3월 14일, 김탁원이 간염 등 질병으로 100여 일 고생하다가 별세한 후 길정희는 혼자 산부인과를 운영하면서 여러 분야에서 여성 의료에 기여하였다. 개업 초기 태아가 횡태위(transverse presentation)인 산모를 살린 후 길정희는 유능하다는 입소문이 날 정도로 실력을 인정받았다. 1945년 광복 후에는 한국 최초의 여성당인 조선여자국민당(대한여성국민당)에서 위생부장을 역임하였고, 1947년에는 모자보건을 위해 결성된 서울보건부인회에 참여하였다. 한국전쟁 중 길정희는 부산으로 피난하여 부산에서 '길산부인과'를 열어 5년간 진료 활동을 지속하였고, 서울로 돌아와서는 수송동에서 개업하였다. 1964년 65세의 길정희는 병원을 접고 두 딸들이 있는 미국으로 이민을 떠났다. 1967년 향수병으로 귀국했다가, 1979년 80세에 미국으로 다시 가서 1990년에 향년 91세에 별세하였다. 2008년 그는 2007년 독립유공자로 인정받은 남편 김탁원과 함께 국립대전현충원에 안치되었다.[82]

남편 김탁원(1898-1940)은 경북 대구에서 태어나 후에 상경하여 경성의학전문학교를 졸업했다. 재학 중에 3·1 운동이 일어나자 파고다

---

82   공혜정, 「한국 최초의 여성 의학전문교육기관 탄생의 산파 역할을 한 산부인과 의사, 길정희」,
     『대한의사협회지』 64(10), 717-719, 2021, 719쪽.

공원 시위에 참여하였다. 만세시위로 일제 경찰에 붙잡힌 김탁원은 징역 7월을 받아 옥고를 치렀다. 이후 김탁원은 사회적 약자를 도울 수있는 방법을 연구하고 단체를 조직하는 등 다방면에서 활동했다. 좌우합작을 추구했던 신간회의 집행위원 및 회계를 맡았으며, 1931년 조선물산장려회의 상무위원을 맡기도 했다.

이외에도 조선소년총연맹 특별위원, 조선나병환자구제연구회 상무위원 등을 역임하며 열악한 한국의 보건·의료상태를 극복하기 위한 활동을 전개하였다. 김탁원은 한성병원(漢城病院), 경성여자의학강습소 등을 운영하며 한국 의료계를 주도하며 경성여자의학전문학교가 태동하는데 주요한 역할을 했다. 정부는 고인의 공훈을 기려 2007년에 건국훈장 애족장을 추서하였다.

길정희는 1981년 출판된 저서 『나의 자서전』에서 반세기 넘게 산부인과 의사로 활동하면서 1만 명 이상의 아기를 분만하였다고 회고하였다. 길정희는 근대 한국사회에서 여성이 진출할 수 있었던 몇 안되는 전문직 중 하나였던 의사로서, 김점동(박에스더), 안수경, 허영숙 등으로 이어지는 한국의 선구적 여성 의사의 계보를 잇고 있다. 안타깝게도 길정희 부부가 한국 최초의 여성 의학전문학교인 경성여자의학전문학교의 최종 설립과정과 운영에서 배제되었지만 평생을 산부인과 의사로 살면서 한국 역사의 격동기에 여성의료와 교육에 힘쓴 길정희는 한국여성의사 양성기관의 탄생을 성공적으로 이끌어낸 산파 역할을 했다고 평가할 수 있다. 1980년 고려대학교 의과대학에서는 길정희의 업적을 기려 '길정희 장학금'을 제정하기도 하였다.

역사를 만든 여의사들

8. 유영준(劉英俊, 1890~? 1962 이후)

유영준은 1890년 평안남도 평양에서 태어나 1910년 서울 정신여학교 4회로 졸업한 후 그 해 8월 국권이 상실된 후 중국으로 건너갔다. 이후 1914년 5월 중국의 북경여학교 모정서원을 다니며 안창호의 사상과 행보에 영향을 받아 민족운동에 참여하였다. 이후 조선으로 돌아와 3·1 운동에 참여하고 1919년 일본으로 유학하여 1923년 동경여자의학전문학교를 졸업하였다.[83]

활발한 사회운동을 펼친 여의사

동경 유학생 시절 1920년 1월 여자학흥회 회장이 되었고 동경 여자 유학생들이 발간하는 잡지 『여자계』의 편집을 맡아 「중국여자의 굳은 정절」(제4호, 1920년 3월), 「반도 청년여자에게」(제5호, 1920년 6월) 등의 글을 발표했다. 1921년 8월에는 여름방학을 이용해 귀국

---

[83] 기창덕의 일본 동경여자의과대학 학적부를 근거로 한 기록에는 유영준의 동경여자의학전문학교 졸업기록은 없다. 졸업연도도 논문마다 소개글마다 다르지만 대부분의 기록은 1923년(대표적 논문 최은경, 2016)이다. 졸업연도 1924년으로 되어 있는 연구논문도 있다. 그러나 1925년 1월 귀국했다는 기록으로부터 조선에서 의사로 활동한 기록들로 보아 분명 졸업은 1923, 1924년도에 했을 것으로 사료된다.

하여 동경 여자유학생들로 구성된 강연단을 조직하여 여성의 의식화 및 위생관념 고양을 포함한 교양교육 강연회를 열면서 전국을 순회하는 등 일찍부터 여성운동가의 길을 밟았다. 마산에서는 박순천, 김선 등과 함께 '아동의 위생'을 주제로 강연하였다. 9월에는 서울 종로 청년회관에서 '부인의 용기와 자선', 안성의 전도 강연회에서는 '주부의 사업'이라는 제목으로 강연하는 등 다양한 주제의 여성 강연에 적극적으로 참여했다.

1923년 졸업 후에 일본적십자병원에서 의학공부를 하는 등 연구를 계속하다가 1925년 1월에 귀국하였다. 1926년 초부터 이화여자전문학교 교의(教醫)로 일하며 1927년 2월에는 태화진료소의 의사로도 활동하였다. 3월에는 경성여자기독청년회의 부인 강연회에서 '위생과 경제에 관한 강연'을 하는 등 본격적인 활동을 시작했다. 김약수, 이여성 등이 동경에서 조직한 사회주의단체인 일월회의 발회 기념 강연에서도 '무산계급과 교육문제'라는 강연을 하였다. 기독교계와 사회주의운동단체 등 단체의 이념성향을 구분하지 않는 유영준의 강연 활동은 그 성격상 이념적 스펙트럼이 넓은 편이었다. 1925년 대홍수 때는 뚝섬, 마포 등지에서 이재민 구호활동을 했다.

한편 황신덕, 최은희 등과 같이 신간회의 자매단체인 근우회(槿友會) 조직에 초기부터 적극 참여하였다. 1927년 5월 근우회 창립 당시 창립준비위원, 서기, 중앙집행위원 및 정치연구부 상무위원 등을 역임하며 1929년까지 활동하였다. 유영준은 지회 설립을 위해 평양에 파견되었는데 조신성, 박현숙 등 현지 여성들과 함께 1928년 1월 30일 평양지회를 창립했다. 1929년에는 경성여자소비조합 감사장으로 선임되었다.

여의사교육기관 설립의 선봉으로…

1928년 경 동경유학시절 함께 학생운동을 하던 호남의 부호 김종필[84]과 결혼하여 다복한 가정을 이루었다. 김종필과의 인연으로 1934년 말부터 여자의학전문학교 설립을 위한 교섭위원 중 유일한 여성으로 활약하였고 경성여자의학강습소가 경성여자의학전문학교로 발전하는데 중요한 역할을 했을 것으로 짐작할 수 있다. 다만 사회주의 성향으로 1947년 월북한 인물이었으므로 한국전쟁 후 우리 사회분위기를 감안할 때 유영준에 대한 기록들이 대부분 없어졌을 가능성도 있다.

1920년대 활약했던 그의 사회운동은 결혼 후 1930년대에는 다소 활발한 활동을 하지 못했다. 1931년 초 그는 "제일 재미있는 것은 아이 기르는 것입니다. 그러나 나는 거의 나이 사십에 딸만 하나 있고 아직 아들이 없으니까 아들 낳고 싶은 욕심이 제일 많습니다."라며 언제 사회운동을 하였을까 할 정도로 평범한 가정주부의 모습도 보였

---

84 김종필은 경성여자의학전문학교를 세우는 데 거금의 기부로 결정적인 역할을 한 호남 재력가 김종익의 동생으로 유영준은 김종익의 제부이기도 하다.

다.[85] 그럼에도 1934년 12월 6일 종로중앙기독교청년회관에서 열린 동유회가 주최한 '시류통론대회'에서는 송금선, 김선, 황신덕, 이숙종, 박봉애, 박승호 등과 같이 참여하여, '구제기관 부족에 대하여'라는 강연을 했다.

앞서 지적한 바와 같이 조선여자의학교와 경성여자의학전문학교 설립과정에서 유영준의 역할은 매우 활발하다. 일찍이 유영준은 자신이 여의사로서 여성 의사 양성을 위한 전문학교의 필요성을 제기하고 또 이를 실현하기 위하여 노력했다. 1926년 10월 22일, 로제타 홀의 한국의료선교 30년을 기리는 기념식에서 로제타 홀이 조선에 여자의학전문학교 설립의 필요성을 제기하는 일이 있었다.[86] 이화여자전문학교 교의로 있던 유영준은 1926년 12월 8일 『기독신보』에 「조선의 여의학교」[87]라는 제목으로 여의학교 설립을 주장하는 글을 발표했다. 그 내용은 다음과 같다.

> "조선은 본래 예의지국이라고 하야 남녀구별이 특히 심한 나라인 것은 누구나 물론 아는 바이다… 현하 조선에 있어서 반드시 여의학교가 있어야 하는 이유는 1) 남자에게는 필사하고 진찰을 받지 않으려는

---

85 김경일, 신영숙, 정현주, 이상경, 김성은, 김은경, 박정애, 「길정희」, 『한국 근대 여성 63인의 초상』, 한국학중앙연구원, 2015에서 재인용

86 기창덕, 「사립여자의학교육」, 『의학사』 2(1), 85-98, 1993, 85-86쪽.

87 유영준, 「조선의 여의학교」, 『기독신보』 11(45), 1926.12.8. 일자 기사라고 기창덕의 논문에서 재인용함, 기창덕, 「사립여자의학교육」, 『의학사』 2(1), 85-98, 1993, 86쪽.

여성들… 2) 반개하여 중간에 고립한 여성들…3) 소아에 관한 모든 것과 위생 및 그 신체고장을 잘 헤아릴 사감은 부모인 여성들… 4) 여자의 사정은 여자라야만 그 아는 바 심각하고… 과부의 설움은 동네집 과부가 안다는 것과 같이 날마다 당하고 보는 우리 여의사라야 더욱 절통할 것이다. 현하 조선에 있어서 무엇보다도 급한 것은 여의사를 양성하는 것이고 무엇보다도 위대한 사업은 여의학교 그것이다."

1934년 4월에는 경성여자의학전문학교 설립준비위원회 발기위원으로 선임되었으며[88] 그해 말 안재홍, 이종린, 여균 등과 함께 국내에 여자의학전문학교를 설립하기 위한 교섭위원 5명중 1명으로 50만원 기금의 재단을 완성하기 위한 준비위원회에 참여했다. 1938년 봄 경성여자의학전문학교 설립에 앞서 동교 법인 간부 10명 중 여성으로 유일하게 선임되었다.[89] 유영준은 김종익의 제수(弟嫂)로 경성여자의학전문학교 설립을 위해 김종익이 재정적 기여를 있게 한 숨은 공로자일 가능성이 높다. 그 당시 이화여전 교의로 재직하면서 언론을 통해서도 활발하게 여자의학교 설립에 앞장섰던 유영준의 활약은 다른 연구논문들에는 자세히 기록되어 있지 않다. 유영준이 나중에 이혼한 점, 사회주의 사상으로 월북하게 된 점 등으로 역사에 묻혔을 것으로 추정된다.

---

88 『매일신보』 1934.4.5.
89 『매일신보』 1927.11.27.

분단의 한국, 월북으로…

광복 후 유영준은 1945년 12월 22일에 좌익 진영의 여성단체인 조선부녀총동맹의 중앙집행위원장으로 활동하였다. 1946년 좌익단체의 총집결체인 민주주의민족전선의장단 부의장 및 상임위원·사회정책연구위원을 역임하고, 조선공산당이 조선인민당, 남조선신민당과 3당이 합당해 남조선노동당으로 발족하자 중앙위원을 맡기도 하였다. 1947년 7월 20일에는 근로인민당 당수 여운형의 인민장 장례위원장단에 여성 대표로 선임되어[90] 활동하던 중 1947년 8월 '8·15 폭동음모 사건'으로 미군정 경찰에 체포되었다가 11월에 석방되었다.[91] 좌익 진영에 대한 경찰의 탄압이 강화되자 월북하여 1948년 8월 최고인민회의 대의원, 1949년 조국전선의장단 의장, 1956년 적십자사 부위원장, 1958년 경공업성 부상 등을 역임하다가, 1962년부터 고령으로 인하여 요양소 생활을 한 것으로 알려져 있다.[92]

유영준은 앞서 소개한 초창기 여의사들보다 더 굴곡진 삶을 산 것으로 추측된다. 한국사회주의인명사전에는 1890년생[93]으로 생년이 기록되어 있는데, 같이 동경여자의학전문학교를 다닌 학생들보다 6-10살 위이기도 했다. 동경여자의학전문학교 재학 중이던 황애시덕이

---

90 『자유신문』 1947.7.21.

91 『자유신문』 1947.8.13., 11.22.

92 유영준, 『한국민족문화대백과』, 한국학중앙연구원.

93 1889, 1892년으로 기록되어 있는 연구논문들도 있다.

역사를 만든 여의사들

1919년 귀국하면서 유영준에게 동생 황신덕을 맡기기도 하였다. 이러한 인연으로 유영준, 최은희, 황신덕은 1926년 귀국한 후 1927년에 근우회 출범의 주역이 되기도 했다. 독립운동가나 사회운동가들과의 만남은 1910년 중국으로 이주했을 때부터 이뤄졌다. 안창호의 지지와 후원 속에 유학생활을 하고 여성운동가이자 사회운동가로 성장할 수 있었다. 동경여자의학전문학교 재학 시절, 그는 1921년 8월 동경 유학생강연단 일행으로 동행한 다른 두명과 함께 독립운동가인 양근환의 딸 두 명을 일본에서 데리고 왔다는 이유로 부산에서 경찰의 취조를 받기도 했다. 학생의 신분으로 독립운동가의 가족을 배려한 유영준의 이러한 행동은 이후에도 계속되었다.

유영준의 가치관과 태도를 엿볼 수 있는 사례는 2015년 한국학중앙연구원에서 발간된 『한국근대여성 63인의 초상』인데, 몇 가지 예를 소개하기로 한다. 결혼의식에 대해서는 신, 구식을 따지지는 않았으나 형식과 허례에 흐르는 것은 경계했다. "아무 예식이 없더라고 두 사람이 충분히 결혼의 신성과 의의를 깨닫기만 하면 그만일 것"이라는 지적에서 단적으로 드러나듯이 조촐하고 의미 있는 혼례의 실질성을 강조했다. 이와 아울러 늦게 결혼한 그는 유아교육에 대해 많은 관심을 기울였다. 신혼초 남편에게 그는 "우리 장래를 위하여는 어린 사람을 잘 키워야 될 터인즉 특히 유년교육에 많이 착안하여 힘 있는 데까지 기성(旣成)한 교육기관을 찬조 후원하고 또 장래에 미성(未成)한 기관을 성립해야 한다"며 바람직한 아동교육에 대한 관심을 토로했다고 한다. 한편 조선 문화에 대한 그의 애정도 엿볼 수 있다. '외국에 가서 생각나던 조선 것'에 여의사답게 '온돌과 김치'의 두가지를 들면서, "우리 조선의 김치처럼 맛이 좋고 영양에 적의한 것은 없으며, 우리 조선의 온돌처럼 따뜻하고 경제적이요, 위생적인 것은 없다"고 평하였다.

시대를 앞서간 여성 선각자로서 굴곡진 삶을 살면서 여의사로서의 활동은 물론 힘든 시절 독립운동과 사회계몽운동에 앞장섰던 당당한 여성 유영준의 삶은 우리 여성사에 많은 의미를 담고 있다.

9. 한소제(韓少濟, 1899-1997)

한소제(1899.11.27.-1997.3.4.)는 1899년 11월 27일 평북 의주 출신으로 아버지 한종진(韓鐘晉, 후에 韓錫晉으로 개명)과 어머니 오선신(吳善信) 사이의 3남 3녀 중 장녀로 태어났다. 아버지는 한국 개신교 초창기 역사 개척자 중 한 명으로 알려진 한석진 목사로 1894년 평양에 한국 최초의 장로교회 장대현교회를 창립했고 1896년 설립된 독립협회에도 참여했다.

한소제(출처: 『동아일보』 1926년 2월 16일자)

남자 형제로 한민제, 한상제, 한승제가 있고, 여자 형제로는 한강제, 한순제가 있었다. 큰오빠 한민제는 평안북도 자혜병원의 조수로 근무하다 1925년 이후 경성공등(工藤)병원에서 의사로 일했다. 여동생 한순제는 이화여전 음대를 졸업했다. 소년척후단(보이스카우트)의 창설자가 되는 정성채와는 승동교회가 운영하던 승동남녀소학교를 함께 다녔다.

동경여자의학전문학교로 유학

한소제는 아버지 한석진이 목사로 있던 승동교회가 운영하던 승동남녀소학교와 정신여학교를 졸업하였다. 일본으로 유학하여 1919년 일본 동경여자의학전문학교에 입학하였다. 1920년 1월, 동경에 유학 중이던 여학생 30여 명이 여자학흥회(女子學興會)를 조직했는데, 한소제도 회원으로 참여했다. 이 단체는 1919년 '2·8 독립선언', 3·1 운동 당시 이에 동참했던 '재동경조선여자친목회'의 후신이었다. 여자학흥회는 1924년 1월 『동아일보』의 친일 논설 취소, 사죄를 요구하는 성토문에 서명한 11개 단체 중 하나로 이름을 올렸다. 이 바람에 회원이었던 한소제도 '경시청 편입 요시찰 인물' 중 한 명이 되었다.

동경여자의학전문학교에 다니던 중 1922년 12월 27일 전주 사람으로 동경성학원중학과를 졸업하고 일본 유학생으로 일본 북해도(北海道) 제대 농과를 졸업한 신동기와 신의주 제일예배당에서 결혼했다. 한소제와 마찬가지로 그 역시 개신교 신자로서 정신여학교, 경신학교에서 교사 생활을 하였다. 동경여자의학전문학교 졸업 후 귀국했던 한소제는 남편과 함께 1926년부터 약 2년여간 미국에 유학하였다. 신동기는 미국 미시건주 앨비온 대학에서 생물학을 연구했다. 한소제는 앨비온(Albion)대학에서 생물학을 공부했고, 워싱턴대학 의학부 소아과에서도 공부했다. 1929년 2월 5일 남편 신동기와 함께 미국 유학을 마치고 귀국하였다. 그 당시 신동기의 고향 전주의 친지들이 식도원에서 환영회를 성대하게 개최했다고 언론은 전한다.

역사를 만든 여의사들

『동아일보』 1929년 2월 20일자 기사

여의사로, 활발한 사회운동도 함께

1923년 일본에서 공부가 끝나고 귀국한 후에는 1924년 서울총독부 병원 근무, 정신여학교 교사를 하다가 1925년 평안북도 신의주에서 개업했다. 1926년 미국에 유학 갔다가 1929년 귀국한 후 전북 전주에서 개업하기도 했다. 1936년 다시 신의주에서 개업했다가 1939년에는 서울 동대문병원 경성탁아소 의사로 근무했으며, 1943년에는 돈암동에서 개업 의사로 활동했다. 한소제는 어린이에 대한 애정이 각별해 1938년 직업부인을 위한 탁아소 주치의를 지내기도 했다.

한소제는 의사인 동시에 사회활동가, 여성운동가로 계속 활동했다,

경성탁아소 앞에서 찍은 기념사진(오른쪽 첫째가 한소제, 둘째가 설립자 노선복 선교사)과
경성탁아소 내부 사진(『동아일보』 1937년 6월 12일자 기사)

일본 유학시절부터 귀국할 때면 지방으로 계몽강연을 다녔다. 신의
주, 경성 등에서 육아법에 대한 자모강습회에서 강연을 하였고, 신문
과 잡지에 부엌개량법, 「물 없이 만드는 제육」 같은 요리법에 대해서
도 기고했다. 일제강점기에 의사자격증을 갖고 개업 활동을 하면서도
여성문제에 관심을 갖고 여성건강과 위생문제에 관한 대중 계몽 강연
과 생활개선 운동을 활발하게 전개했다.

여성의 권익향상을 위한 복지사업에도 참여했다. 1937년 6월 12일
직업여성들의 자녀양육을 위해 경성아동보건회 회장인 선교사 노선복
이 미국의 원조와 국내 유지의 도움으로 동대문병원 내에 경성탁아소
를 개원하였다. 한소제는 이 탁아소의 주치의로 일했다. 개원 후 1년
동안 52명의 아동을 돌보았는데, 이중에서 49명을 주야간 탁아의 형
식으로 하루 종일 돌보았다. 특히 아동의 영양 회복에 노력하여 경성
아동보건회는 튼튼한 아동에 대한 표창식을 매년 거행하였다. 치아건

역사를 만든 여의사들

강의 중요성을 강조하고 아동의 권익을 보호하는 방송 강연도 했다.

한소제는 1930년대에 추진된 여자의학전문학교 설립운동에도 적극 참여해서 1934년 경성여자의학강습소를 재단법인 여자의학전문학교로 만들자는 운동이 활발하게 추진될 때 여자의학전문학교 발기준비위원으로도 참여했다.

일제 강점기 말기인 1942년에는 공덕동 감리교회 부인부에서 징병제도 실시기념 부인대강연회를 개최했는데, 한소제가 '육아봉공(育兒奉公)'이라는 제목으로 강연에 참여한 기록[94]이 남아 있다.

소녀운동, 한국걸스카우트의 어머니

해방 후인 1946년에 조직된 '독립헌금실행단'에도 참여해 이사를 맡기도 했다. 이 단체는 일제 강점기 중국에 있었던 대한민국 임시정부에 대한 감사 헌금을 모금하는 것이 목적이었다. 해방 후 한소제는 서울 돈암동과 혜화동에서 개업의로 활동하면서 일제강점기 때부터 관심을 갖고 있던 소녀단 창단을 적극 추진했다. 1920년대 후반 YWCA운동에 참여하면서 YMCA내에 조직되어 있던 보이스카우트(소년단)에서 소녀들이 활동하는 것을 보고 소녀들만의 별도의 스카우트대가 필요함을 인식 하였다. 1930년대 이후 모든 사회단체의 모

---

94 『매일신보』 1942.5.27.

든 활동이 중단된 상태였으나, 보이스카우트 행렬에 참여한 소녀들을 보고 해방된 조국에서 여성이 기여할 수 있는 일은 보이스카우트처럼 소녀들에게도 활동의 기회를 주는 것이라는 생각에서 걸스카우트(소녀단) 조직에 나선 것이다.

한소제는 자신이 관여한 애국부인회 모임에서[95] 걸스카우트 조직의 필요성을 주장하여 마침내 애국부인회 회장 박승호의 동의와 임원회의 결의를 거쳐 애국부인회의 후생부 사업으로 걸스카우트 조직운동을 펼쳐 나갔다. 애국부인회 회장과 회원들로부터 모금운동을 하고, YWCA의 주요 성원들이 위원으로 참여하였다. 한소제를 비롯한 여성지도자들은 미군정청을 방문하여 걸스카우트 설립을 요청했으며, 이에 따라 1946년 3월 29일 미군정청 제1회의실에서 설립승인에 따른 준비회의를 가졌다.

12세 이상 17세 이하 소녀들에게 국민적 훈련을 실시한다는 내용의 규약을 정하고, 한소제와 이순정, 김성실, 현봉애, 박승호, 최이권 등 12명의 위원으로 임원진을 구성했다. 초대회장에는 김성실, 부회장에는 송인실, 초대 간사장에는 한소제가 선정되었다. 1946년 4월 19일 군정청 민정장관이 '소녀 척후대'를 승인하자 1946년 6월 군정청 제1회의실에서 대한소녀단 창립총회를 열고 7월 27일 국립과학박물관에서 제1회 소녀군대회를 열었다.[96] 대한소녀단은 설립과 더불어

---

95 이 단체에서 한소제는 후생부장과 재무로 활동하고 있었다.
96 한국걸스카우트 홈페이지 참조.

역사를 만든 여의사들

미군정청의 지원을 받아 군정청 지하층에 대한소녀단본부를 설치하였다.

1946년 한소제는 미국 걸스카우트의 초청으로 문교부 교화국 대한소녀단 담당자 이계숙과 함께 6개월간의 걸스카우트 연수를 떠났다. 국내 최초로 걸스카우트 지도자 강습과 행정실무 강습이었다. 시카고를 비롯해 미국내 여러 곳의 걸스카우트 활동에 참여하여 걸스카우트 조직과 운영에 대해 실습교육을 받았으며, 관련 물품과 책자, 팸플릿, 유니폼과 천 등을 가져왔다. 귀국 길에 하와이 호놀룰루에 들러 교민들에게 '조선동자군(걸스카우트)'의 중요성을 호소하여 440원을 모금하였다.

1953년부터 1960년 사이에는 소녀단의 중앙연합회 이사로 봉직하며 캠핑 부장·훈련부장·대외부장의 일을 맡아 걸스카우트 운동의 발전에 크게 기여했다. 동시에 1949년 대한 YWCA 이사, 대한소녀단 위원회 이사, 대한 YWCA 가정생활위원회 위원장, 대한기독교여자절제회 이사, 대한기독교신자 여의사회 회장, 일본 동경여의대 서울 동창지회회장 등으로 활동했다. 이처럼 궂은 일을 떠맡는 데서 그의 헌신적인 성격이 잘 드러난다.

한국에서 한소제의 사회 활동은 1961년 미국으로 이민을 떠나면서 중단되었다. 그의 남편 신동기는 해방 후에는 미군정청 비서처장, 한국무역진흥 동경지점장을 지냈다. 1960년에는 필리핀 특명전권대사에 임명되었으나 5.16군사 쿠데타로 1961년 해임되면서 당시 제정된 특별법인 「정치활동정화법」의 규정에 따라 1968년 8월까지 일체

구 한소제 가옥: 서울시 종로구 혜화동 74-30
1940년대 지어짐. 현재는 혜화동 주민센터로 복원되어 사용되고 있음.

역사를 만든 여의사들

의 정치활동을 금지당하게 되었다. 이후 부인 한소제와 함께 1961년 미국으로 이민을 떠났다.

한소제는 미국에서 생활하는 동안에도 조국을 위한 봉사 활동에서 손을 놓지 않았다. 형편이 어려운 한국인 유학생들을 돌보는 일에도 적극적이었다. 잡지 『새가정』에는 미국에서도 지속적으로 기고를 했는데 그 기록은 1979년 1월호에서도 흔적을 발견할 수 있다.[97] 한소제는 1997년 3월 4일 미국 캘리포니아 로스엔젤레스에서 98세의 나이로 별세했다.

특이사항은 한소제가 기거했던 한소제 가옥이 1940년대에 지어진 한옥인데, 현재는 종로구 혜화동 주민센터로 시민들의 사랑을 받는 주민센터로 거듭났다.[98]

97　한소제, 「미국에서 온 편지 – 조국을 향한 기도」, 『새가정』 통권 277호, 1979년 1월호 138쪽.

98　대표저자 한동관, 『한국현대의료의 발자취–근대의료건축물을 중심으로』 KMA의료정책연구소, 2012, 266쪽.

3장
맺음말: 남은 과제들

　여성 의학계 인물들에 대한 연구는 1985년과 1987년에 각각 발간된 정구충의 『한국의학의 개척자들 Ⅰ』, 『한국의학의 개척자들 Ⅱ』에 허영숙, 최정숙, 정자영 등 3명만 간단하게 다루어지고 있다. 심지어 1981년 한국근현대의학사를 집대성했다고 늘 인용되는 김두종의 『한국의학사』에도 조선여자의학강습소의 시작부터 여의사의 이름은 나오지 않고 김탁원 부처라고만 인용되어 있을 뿐이다. 그 많은 인물 색인에도 심지어 로제타 홀, 김점동(박에스더)과 같은 초창기 여의사의 이름은 보이지 않는다. 대한민국 여성의 역사에 기념비적인 사건이었던 여의사들의 역사가 의료계 역사에서는 철저히 잊혀졌던 역사임을 뼈저리게 깨닫게 되었다.

　이 책을 써가는 과정에서 어려움은 생각보다 컸다. 논문마다 인용된 연도, 날짜, 사실들이 같은 사건을 다룰 때조차 일치하지 않았다. 원전을 찾아도 정확하지 않은 표기들이 있었다. 오탈자들도 있어서 역사를 정확하게 기록하는 것이 얼마나 중요한지 더욱 깨닫게 되었다. 그리고 한 단어, 한 문장을 고심하며 신중하게 기록해야 한다는 사명감도 더해졌다. 이 글은 나름 고민하며 철저하게 원전에 있는 인용만을 고집하며 저술했고, 2차 인용은 가급적 최소화하였다. 워낙 논문마다, 한 사건을 놓고도 다양한 기술들이 많았다, 냉철하게 원본에 의거한 인용만을 고집하고 차이가 나는 기술들을 놓고 한가지 진실된 사실을 확인하기 위하여 긴 시간을 할애할 수 밖에 없었다. 그러면서 더욱 더 '역사의 기술(記述)'의 엄중함을 느끼게 되었다. 역사적 기술의 작은 실수가 후학들에게 얼마나 큰 혼돈을 줄 수 있는지도 학자로서 더욱 크게 느끼는 계기가 되었다. 긴 시간의 확인 작업 후에 진정한 사실이라고 확신했던 때의 황홀함은 그 많은 시간을 할애한 보상으로 그보다 더 기쁠 수 없게 유레카의 순간들을 맛보았다.

그 옛날의 자료들이 이제는 디지털 공간에 보존되어 있는 것도 고마웠다. 『조선총독부관보』의 경우 듬성듬성 유실된 부분도 있지만 경술국치의 날인 1910년 8월 29일 1호부터 국사편찬위원회 한국사데이터베이스에 색인까지 잘 정리되어 있어서 많은 도움이 되었다. 의사들의 기록을 찾는데 20세기 초중반의 신문 기사들도 원전을 확인하는데 도서관을 발로 헤매고 다니지 않아도 되었고, 웬만한 과거의 학위논문과 일반논문 들은 전자도서관을 통해 비교적 쉽게 다운로드를 받을 수 있었다. 다만 예전에 발행된 책이어서 절판된 책 구입이 쉽지 않았고 중고책방을 검색하고 또는 도서관과 그 외 자료의 원전을 수소문하여 대여하기 위해 많은 시간과 노력이 필요했다.

그러나 아직 초기단계라고 밖에 할 수 없지만 이번 초창기 여의사의 역사를 발굴하기 위한 모든 시간과 노력은 매우 보람있는 일이었다, 수 많은 관련 책과 연구논문과 학위논문들, 관련기사를 포함한 방대한 기록들을 보면서 선각자 여의사들과 그 당시의 상황을 관상으로 곱씹으며 그분들의 삶에 후배 여의사로서 존경의 마음이 절로 샘솟았다. 그 분들의 치열한 삶이 있어서 현 시대에 더 수월한 전문인으로 살 수 있었음이 분명하다. 물론 의료계의 성평등은 아직도 요원하지만 다음 세대 여의사들의 삶의 질, 행복의 양과 질이 조금 더 나아지는 데 우리 시대 여의사들의 삶이 도움이 되었기를 바라며 진정한 성평등 시대를 우리의 딸들은 만끽하며 누릴 수 있기를 기대한다.

필자의 개인적 삶을 되돌아볼 때, 열심히 일생 끊임없이 실력을 기르고 이를 발휘하며 살고 싶었으나 여의사로서의 사회장벽은 컸다. 그럼에도 불구하고 21세기를 전후한 이 시기에 필자는 매우 혜택 받고 자란 축복받은 삶이었음도 분명하다. 다만 이 시대, 다양성과 동등, 포용적 시대(DEI, Diversity, Equity, Inclusiveness)가 전세계적 가치로 여겨지는 현 세계에서 대한민국의 여성의 지위는 선진국 대한민국의 위상에 맞지 않게 여전히 하위에서 맴돌고 있다. 아직도 갈 길 먼 대한민국이지만 기본적 인권으로서의 여성권리를 동등하게 느끼며 자유를 만끽하고 싶다. 그래서 이 땅의 딸들이 훨훨 날면서 자유로운 삶을 살기를 희망한다.

아래는 1927년 3월 1일자 『별건곤』 제5호에 실린 글이다. 사회에서 지성인이라고 할 수 있는 언론인들 마저도 어떤 편견으로 전문직 여의사들을 평가하는지 단편적이지만 간접적으로 알 수 있는 글이라

이를 전문 소개하고자 한다. 「해내(海內) 해외(海外)에 헛허저 잇는 조선여의사(朝鮮女醫師) 평판기(評判記), 해마다 늘어가는 그 수효 잇다금은 해외에서도 활동」의 제하에 실린 글이다. 그 당시 활동하던 여의사의 근황에 대해 대담 형식으로 정리되어 있다. 이에 따르면, 당시 여의사는 모두 18명이라고 나오고 대담 기자가 그 이름을 거의 다 알고 있는 듯하다. 여의사들 중 가장 많은 출신학교인 동경여자의학전문학교가 9명, 경성의학전문학교 출신이 8인, 중국 유학생 1명이다. 그 외에도 이 기사에는 그 당시 여의사에 대한 일반인의 생각도 스며 있어서 당시 시대상황을 엿볼 수 있다. 재미있게 읽어볼 만하다.

'海內 海外에 헛허저 잇는 朝鮮女醫師 評判記, 해마다 늘어가는 그 수효 잇다금은 해외에서도 활동'

『별건곤』제5호, 1927년 03월 01일자

A X군! 조선에 녀의사가 얼마나 되는지 아는가?

X 그건 왜 무러, 무슨 통계표를 꾸미랴나?

A 왜 통계표 꾸밀랴만 그런 것 못나. 아모러나 조선 살면서 그런 것도 모른다면 좀 상식에 버서진다고 볼 수 밧게 업지. 그리고 세상에서도 좀 궁금해 하는 일이야.

X 그러면 왜 하필 녀의사를 뭇는가 남의사도 만흔데.

A 남의사야 보통으로 세상 사람이 다 아는 것 아닌가. 그러나 녀의사야 말로 수효도 그러케 만치 못하고 엇더케 활동하는지 그게 궁금해하는 바란 말이지. 하필 녀자라는 명사가 붓기 때문에 뭇는 것인가? 세상일을 그러케만 해석한다면 할말이라고는 하나도 업지.

X 남의사는 세상이 보통으로 안다고. 알기는 엇더케 알어. 응! 수효가 몃이고 어듸 출신이고 무슨 과(科)전문이고 어데서 개업했다고 그런 것이야 알 수 잇겟지. 그러나 의사게야말로 수수꺽끼 가튼 비밀이 다 만타네. 더 말할 것 잇나. 일본서는 소위 박사라고 하는 친구가 마취약을 써 가지고 량가 처녀를 릉욕햇다가 들녀나서 증역까지 산 이가 잇고 락태 전문의(落胎 專門醫)가 잇서서 한 고을에서 백여 명 락태 식힌 일이 잇다고 한 참 신문에 떠들지 안헛나. 조선서는 아즉 그런 일이 업서서 다행이지만 어둑한 곳은 의사게여서 양약이니 신약이니 해 가지고 약갑슬 원가(原價) 의 육칠배 혹은 십배식도 바더 먹는다고 비난하는 사람도 만테. 그런 말을 문외한으로 안저서는 다 대종할 수가 업지만 하여간 알 수 업는 일이 잇슬 것도 사실이야.

A 이 사람 그것은 탈선(脫線) 일세. 나 뭇는 말이나 대답하여 주게.

X 그러케 하게. 그러나 나인덜 어대 자세히 알어야지, 아는 대로는 말하여 줄 것이니 차례차례 무러주게. 응 수효! 저거번 어느 신문에 난 것을 보닛가 조선 내에 잇는 녀의사가 전부 십팔인이라고 하엿데.

A 그게 다 조선녀자일가?

X 글세 아마 다 조선 녀자는 아니겟지.

A 그게 다 조선 녀자라고 하면 그래도 생각하던 바 보다는 수효가 상당히 만흔데.

X 만키야 무엇 만흔가? 하도 사람이 귀한 조선이닛가 그럿치. 일천만 녀성중에 녀의사 십팔인이라고 해보게. 서양사람 가트면 코우슴을 칠 것일세.

A 그야 그래. 그런데 녀의사는 엇더케 해야 자격을 엇는구?

X 첫재 법령으로 개정한 학교를 맛치거나 의사 시험에 합격한 이라야 되지. 그런데 어듸나 일반이겟지만 대개는 학교출신이 만흔가 보데.

A 그야 그럿켓지. 시험이란 원래 어듸 그러케 쉬운 것인가? 그러면 조선 녀의사로는 어느 학교의 출신이 제일 만흔고?

X 물론 일본 녀자의 전문학교 출신이 대부분이지. 그러고 총복부 의학전문학

교출신이 아마 한 칠팔인 되나 보데. 그리고 중국 의학교 출신도 잇고 미국 의학교 재학중인 분도 약간 잇고 그 외로 약학교를 졸업하고 약제사(藥劑師) 자격을 어든 분도 역시 사오인 잇는 모양이지.

A 일본 가서 녀자 의전을 맛치신 분은 누구누구인가 ? 나 아는 분도 멧 분 잇 긴 잇네마는. 저 -허영숙씨, 현덕신씨, 리덕요씨, 류영준씨, 동대문 부인병 원의 길정희씨, 정자영씨- 그런데 그 외에 또 잇나.

X 응 나 아는 중에도 두어 분 더 잇서 .지금 인천 야소교부인병원에 가 게신 전 혜덕씨하고 미국가서 지금 류학하는 송복신씨하고 한소제씨가 잇지.

A 아하 송복신씨, 한참 동경재학 시대에 류학생들의 물의가 분분하야 량근환 군의 주먹까지 왓다갓다 햇다는 그 분 말인가. 그 분이 의전 출신이던가?

X 나는 그것까지는 몰나도 하여간 일본서 의전을 맛치고 바로 미국으로 가더 니 요세 드르닛가 학위까지 어덧다는 말이 잇데.

A 갸륵한 노릇일세. 아모러나 조선 녀자도 해외에까지 나아가서 학위까지 엇 는데는 그의 고심도 적지는 아니하엿겟지. 그리고 조선의 녀성이 그러케 발 전하여 나간다는 것이 참으로 깃분 일이야.

X 그게 무엇인가. 녀자 의사게 인물로 말하면 그래도 평양 출생의 김애희씨를 칠 것일세, 일즉 중국 북경까지 가서 의학교를 맛치고 도라와서 평양긔흘 병 원에서 일도 보고 지금은 역시 미국류학중이지만 평양에서도 김애희씨라면 처녀 삼형제라고 평판이 자자하야 그 형은 긔미 운동 때에 천신만고를 하다 가 필경 황천의 손이 되고 그 동생 역시 형을 구완하랴 애를 쓰다가 따라서 죽고 지금은 애희씨 혼자 만리 해외의 외로운 몸으로 오직 학업에 힘쓸 뿐이 나 그들의 의긔와 활동이란 남자보다도 훨신 우승한 점이 잇섯다네. 그리고 경성약학교를 제 일회로 졸업한 김려운씨라는 이는 녀자 단신으로 지나한 구(支那漢口)까지 나가서 약종업을 개시하엿다는데 상당히 실업게로 활동 하는 인물이라고 아니할 수 업느니.

A 그런가. 그러면 의외로 녀의사게야말로 인물과 활동이 상당히 잇는 셈일세 그려.

X 말하자면 골샌님 선생님네 보다는 나은 셈이라 하겟지.

A 총독부의 학교출신으로는 누구누구인가?

X 아마도 거긔에는 지금 동대문 부인병원에 게신 안수경씨, 평양긔흘 병원에 게신 김해지씨, 또 한분인 인천부인병원에 여러해 게시다가 지금은 평양가서 개인개업 햇다는 말이 잇는 김영흥씨! 이 세 분이 다 원로(元老)이시겟지. 그리고 고 다음에는 지금 성진 제동병원에 가 게신 김영실씨가 역시 그 곳 출신이고 개성야소교병원에 게신 고수선씨와 얼마전에 대구 신명학교 교원 겸 교의로 계시다가 지금은 경상북도 영덕이라는 고을에 가서 부부개업을 하야 남편은 공의로, 안해는 녀의사로 게신 윤범영씨가 재작년에 졸업하고 나왓고 작년에도 이삼인 졸업한 이가 잇다는 데 얼는 긔억이 아니 나네.

A 그런데 총독부의 학교에서는 진긔하게도 남녀 공학제를 써서 몃몃의 녀자 의사를 내여 보내더니 재작년부터는 그나마도 녀자의 청강을 허락지 아니하야 그 제도가 업서젓다지? 대체 무슨 까닭일구?

X 글세, 그런 말이 잇데 . 자세히는 알수 업지마는 아마 경험해 보닛가 효과가 그러케 조치 못하던 것이지. 위선 남녀공학이라는 것이 어울니지를 아니햇던지 몰나? 고수선씨와 윤범영씨 두 분이 통학할 때에도 한 분이 결석하면 한 분은 갓다가도 여러 남자틈에 가 혼자 안저서 공부하기가 우열적으닛가 책보를 끼고 도로 도라온 일까지 잇섯다는 이약이ㅅ거리 까지 잇섯더니 그로 보면 남녀공학도 전도가 창창해뵈야.

A 그도 무리야 아니지, 이때꾿 규중에만 갓처 잇던 녀성들로서 또는 더구나 의학가튼 것을 배우랴면 생리학상 해부학상 위생학상 좀 서로 창피하고 저촉되는 곳이 잇서서 자미적은 때가 만켓지. 그리고 약제사는 의사와는 좀 부분이 달지만 긔 위라 이약이가 낫스니 말일세마는 약학교 출신들은 어데서 무얼하나 ?

X 제 일회 출신이 세분 ! 한 분은〈72〉동대문 분인병원에서 약제사로 잇스며 녀성 운동에 더 힘을 쓰시고 잇다금은 연단에도 나서고 글도 잇다금은 쓰는 김순복양과 요전까지 함흥자혜병원에 가 잇다가 다시 상경하야 개인 경영

역사를 만든 여의사들

으로 개업을 해보라는 차순석씨하고 또 한분 악가 말한 김려운씨 한구가서 대 활동중인데 이번 반영운동(反英運動) 때에 놀나지나 아니 하섯는지 소식이 궁금해. 그 외에도 작년졸업생이 셋인데 셋이 다 일본 유학을 똑가티 갓다네.

A 녀의사 중에는 누가 평판이 제일 조흔가?

X 평판이 조코 나즌 것이야 알 수 잇나? 다 각기 독립으로 개인 개업을 하는 이가 별로 업고 대개는 남의 병원에 가서 서양의사나 남자의사를 도와주고 잇스니 그의 기술 여하를 알수도 업고 상당한 포부가 잇더래도 펴기가 어렵겟지. 하여간 경성 안에서도 일홈 알만 한 이로는 물론 허영숙씨, 리덕요씨. 현덕신씨, 류영준씨, 그 네 분이 세상에 알게 되엿스나 허씨는 의사와 인연을 끈은 지 가 오래 닛가 말할 것도 업고 현씨는 동대문 부인병원에, 류씨는 태화진찰소에 리씨는 총독부의원에 근무하고 게시고 오직 정자영씨 한분만이 수은동에 본원, 청엽정에 분원을 두고 내과, 소아과, 산과, 분인과, 의사로 하야 아츰은 본원, 오후는 분원으로 이러케 도라다니며 진찰과 치료에 밧부신 모양이데.

A 그런데 허씨, 현씨, 리씨, 이 세 분으로 말하면 세상에서 일홈 알게 되엿다는 것이 의술이나 의학을 가지고가 아니라 그의 남편이 문학자요, 신문기자요, 그래서 자연히 그러케 된 것이요, 류씨로 말하면 일홈초흔 평양 출생으로 중국만유로 일본류학으로 태화의사로 리화교의로 밧브신 중에도 신문 잡지에 글을 만히 발표하시닛가 그래서 역시 일홈을 알게 된 것이요 전문적 그 의학으로 해서 그러케 된 것은 아니지. 아모러나 류씨의 활동이란 녀자게의 해방운동으로 보아서도 축하할 일이야.

X 물론이지, 오늘날 녀자로서 직업적 각성이 업고 반항적 운동이 업서서야 되겟나. 해방 운동이 의사의 편으로부터 소리를 놉히게 되다면 더욱이 깃분 일이지. 그러나 이 사람아! 현씨, 리씨, 허씨가 드르면 섭섭해 하시겟네, 남편들로 해서 자긔네 일홈을 세상에서 알게 되엿다고 햇다고. 남자의 우월감(優越感)에서 역시 나온 소리라고.

A 그야 부부는 일심동체라고 남편으로 해서 안해일홈이 나고 안해로 해서 남편일홈이 낫다고 하기로 거긔에 존비의 구별을 억지로 붓칠 것은 업겟지.

X 그야 그러케 해석하면 괜찬치만 어듸 그러케만 해석하기가 쉬운가?

A 그런대 녀의사의 버리는 얼마나 되는지? 그리고 버리가 잘 되나? 〈73〉

   의원개업가튼 것을 하면 남자들도 *현적으로 잘 갈 것 갓고 더구나 소아나 부인환자가튼 이는 물론 잘 갈 것이닛가 버리가 잘 될 것이 아닌가?

X 그럿치도 안한 가보데. 왜 버리가 잘 될 것 가트면 개인개업하는 이가 별로 업고 개업햇다가도 그만 두겟는가? 그러닛가 녀의사로도 자격만 잇스면 어느 병원에가 근무를 하던지 근무만 하게 되면 적어도 칠팔십원 수입은 될 터이닛가 그것이 제일 안전하겟지.

A 그런데 허영숙씨는 엇재 폐업을 하섯는지 아는가?

X 그야 남의 일을 자세히 알 수 잇겟나마는 첫재. 생활이 괜찬하신데다가 시작은 햇지만 취미도 맛지 안코 버리도 시원치 못하고 해서 폐업햇겟지.

A 아모려나 고마운 노릇일세. 이 여러분들이 각 방면으로 활동을 하여 위생사상이 더 일층 보급되지 못한 우리 조선 가정에 노력함이 만타 하면 그의 은혜와 공로야 말로 무슨 사업보다도 클 것이 안닌가?

X 그럿치 그래. 동감 동감일세.—꿋

　　우리의 초창기 여의사들의 삶과 행적을 보며 필자는 매순간이 전율이었다. 인연과 인연으로 엮어져 역사는 흐른다. 그리고 맥을 이룬다. 이 소중한 인연들이 어어져 이 글을 쓰고 있다. 가톨릭 모태신앙 신자인 필자는 이 글을 쓰면서 또한 하느님의 섭리를 깊이 느끼고 있다. 이렇게 아름다운 선각자들의 삶을 살펴보게 된 것도 축복이다. 각자가 다 다르지만, 각자의 삶은 밤하늘의 아름다운 하나하나의 별처럼 빛나고 있다. 생명을 구하려는 여의사의 삶이 아니더라도 다양한 이 세상의 삶이 모두 아름다울 수 있음도 알게 되었다.

더욱 잘 다듬어서 그분들의 삶의 흔적에 누가 되지 않아야 할 텐데 여전히 아쉬움이 남는다. 더욱 정확하고 충실하게 역사의 기록을 연구하여 진실의 역사를 남겨야 할 터인데… 최선을 경주했지만 아직도 미흡한 부분이 많을 것이다. 그리고 후학들의 연구로 더 많은 훌륭한 초창기 여의사 선배들의 치열했고 아름다웠던 삶들이 발굴되고 조명 되었으면 좋겠다. 필자도 열정을 갖고 열심히, 그리고 꾸준하게 참여 하고자 한다.

제3부

김경실金敬實 어머니를
추억하며

1장

어머니 김경실(1925.5.1.–2007.7.25.)의 삶

해주행정고녀 시절의 어머니 김경실

역사를 만든 여의사들

1. 어린시절과 꿈

　어머니 김경실(金敬實)은 황해도(黃海道) 장연군(長淵那) 후남면(候南面) 남호리(南湖里)에서 아버지 김(金海 金)수한과 광산 김(光山 金)씨 명문가의 무남독녀 외딸인 어머니 김봉애의 두 딸 중 차녀로 1925년 5월 1일(음력 4월 9일)에 탄생하였다. 그 곳은 자연 경관이 무척 아름답고 정돈된 깨끗한 곳이었다. 아버지 김수한은 김해(金海) 김씨 집안의 형제 중 아우였는데 집안이 넉넉지 않았다. 당시 장연의 명문가이자 부호였던 광산 김씨 집안의 장모 될 분이 오두막집에 와서 머리 좋고 미남에 호걸인 사위감을 보고는 한눈에 반해 결혼이 성사되었다고 한다. 결혼 후 처가에서 자본을 대주어 인천, 진남포(鎭南浦), 중국까지도 목재(木材), 곡물(穀物) 등을 팔아 20대에 큰 돈을 벌어 그 일대 장연, 연백, 옹진의 지주로도 풍요로운 삶을 사는 집안이었다. 두 딸 중 첫 딸이 중등학교를 가게 되며 해주로 주 근거지를 옮기고 살았다.

　부모님은 넓은 영지의 소작농들을 모두 가족같이 대하며 일하는 사람들의 야식은 물론 늘 푸짐하게 음식들을 동네 사람들과 함께 나누었다고 한다. 먹을 때 사용했던 나무젓가락이 광을 채우고 땔감으로 쓰일 정도로 넉넉한 배려로 인심이 후했다고 한다. 부유한 대가집 오직 두 딸 중 막내로 부모님을 비롯 주위의 온갖 사랑을 받으며 자랐다. 아름다운 경관까지 즐기는 여유로움으로 어린 시절에 대한 기억은 자유와 즐거움이었다.

손녀인 나(안명옥, 앞으로 1인칭 나로 칭한다)의 기억으로 외할머니 김봉애와 어머니 김경실은 1950년대, 1960년대 한국전쟁 이후 많았던 걸인들이 집에 왔을 때 언제나 너그러웠다. 따뜻한 밥과 반찬을 넉넉히 준비하여 늘 새 밥과 반찬, 그리고 돈을 주시곤 하였다. 빈손으로 보내는 적이 없었다. 당시 인천의 가장 번화가에 위치했고 두 채의 집을 터서 한 작은 블록의 넓은 장소를 차지하게 된 건물이었다. 병원으로 가는 정문이 있고, 주방과 연결된 후문이 독립적이었다. 사거리 인근의 거의 모퉁이에 위치한 병원 건물 바로 건너편에 경동파출소도 위치했었다. 우리 집에는 도움이 필요한 분들이 늘 들낙였으나 항상 공손했다는 기억이다.

외할머니는 인천 김안과의원 시절 가까이 있는 신포시장 장에 가셔도 여름에는 깨끼 한복을 입으실 정도로 언제나 한복으로 깔끔하게 차려입고 장보러 나서셨다. 절대 물건값을 깎는 법도 없었다. 알아서 가격을 매겼을 것이므로 상대를 존중하는 신뢰와 한국전쟁 후 모두가 어려운 상황에서 너그러움을 베풀며 그대로 지불하였다. 당연하다 여기며 자란 나도 일생 덩달아 물건 값을 깎는 것이 매우 어색하고 못한다. 또한 외할머니 역시 실향민으로 늘 사람들을 대할 때 귀부인의 품격과 따뜻한 연민의 정을 언제나 느낄 수 있었다. 어려서 보았던 외할머니, 어머니의 인상을 나도 일생 본받으며 살게 되었다. 나눔공동체에 대한 나의 가치관과 개념은 그때부터 자랐다고 해도 과언이 아니다.

어머니 김경실은 해주에서 보통학교를 졸업하고 해주행정고등여

해주행정고녀 시절 친구들과 함께

학교(해주행정고녀, 海州幸町高女)[1]에 입학하여 1학년 때부터 4학년 졸업할 때까지 줄곧 전교 1등을 했다. 1942년 졸업시에 당시 조선인 여고생의 최우수 학생에게 주는 최고의 영예인 이왕가상(李王家賞)[2] 과 은메달을 수여받았다. 이모도 역시 이왕가상을 받아 두자매 모두 가 학교 안에서는 물론, 해주에서 매우 유명한 자매였다고 한다.(나중

---

1   『중앙일보』 2000.5.15. 「97세 스승 찾은 칠순 '노제자들'」, 해주행정고녀: 1932년 해주행정고
     녀 개교. 최은경(동경여자고등사범학교 졸업)선생님이 첫 교편을 잡았다. 남자 체육선생님과 최
     선생님만 조선인, 그 외는 모두 일본인.

2   이왕가상(李王家賞): 조선 최후의 왕세자 영친왕 이근 전하와 일본 황족 방자 여사의 결혼기념으
     로 제정한 상으로 일제시 4년 연속 1등인 조선인 여고의 수석졸업생에게 수여하였다.

에 인천으로 남하한 행정고녀 출신 동창 어머니 지인들께서 더 많이 옛날 말씀들을 해 주셨다.)

두 자매가 서울로 모두 유학하여 살았고, 광복과 동시에 갑작스레 남북이 갈라지는 혼돈과 아픔의 와중에 그 전 기록들은 흔적을 찾을 수 없었다. 이주가 아닌 유학을 위해 서울에서 하숙생활을 하고 외할머니도 서울에 딸의 출산을 도우러 오셨을 때 갑작스레 고립되셨다. 다시 해주집으로 못 돌아가는 그 당시의 정치사회 혼란으로 소중한 기록과 추억의 유산들이 해주집에 고스란히 남아있는 상황이어서 기록의 유실이 안타깝다. 이는 나의 아버지 안봉한(安奉漢)도 20대에 같은 상황이었다. 남한에서 연구하고 직장을 가지고 있었는데, 갑작스레 남북 간의 교류가 끊어지며 홀홀단신 고립되어 해주에 있던 기록들은 해주시 석계동 24번지 주소 외에는 찾을 길이 없다. 후에 세 동생분들도 각각 몸만 북한에서 빠져나와 남쪽의 오빠와 형에게 합류한 까닭에 예전 기록은 아예 없다. 북한지역을 고향으로, 삶의 주터전으로 했던 실향민들의 기록의 소실은 많은 가정들의 역사의 단절을 의미하는 안타까운 우리들의 역사다.

학창시절 소풍을 가면 친구들과 어울리는 시간보다 혼자서 스케치북을 들고 스케치를 하셨다고 한다. 스케치북 한 권을 다 메꾸고서야 산에서 내려오곤 하셨을 정도였다. 당시 한국에는 미술대학이 없어서 미술을 전공하려면 일본유학을 가야 했으므로 유학을 결심하고 준비도 했지만, 그때는 이미 대동아전쟁(2차 세계대전) 중이어서 일본은 위험한 상황이었다. 김봉애 외할머니께서는 그 위험한 곳으로 공부

역사를 만든 여의사들

하러 떠나겠다는 딸을 적극 만류했다. 단식투쟁으로 반대가 완강했다. 결국 외할어머니의 뜻을 따를 수 밖에 없어 미술을 공부하기 위한 일본 미대 진학을 포기하고 외할머니의 뜻에 따라 경성여자의학전문학교에 진학했다. 미술 재능은 후에 안과 전문의로도 유감없이 발휘되어, 온갖 수술에서 뛰어난 솜씨를 보였다. 개정중앙병원 시절에는 다른 과 수술에도 최고의 수술동반의로 탁월한 재능을 발휘하였다. 수술하는 의사로서는 물론 모든 생활 속에서도 예술성과 창의성은 빛났다.

2. 경성여자의학전문학교 시절, 1942년 입학(5회 졸업)

　3살 위인 언니(학년은 2년차: 3회 졸업생)의 1940년 입학에 이어 1942년 경성여자의학전문학교[3] 5회 입학생이 되었다. 서울로 유학 와서 언니와 하숙을 하며 지내게 되었다. 딸 둘에 대한 부모님의 사랑이 지극하여 경성여자전문학교 시절에는 유학지인 서울에서도 유복하게 지내며 하고 싶은 대로 거의 모든 일들을 마음껏 구가하며 지냈다고 한다. 식생활도 물론 풍요로웠지만, 의복들도 교복이 있음에도 불구하고, 아름다운 고급 양복들을 다양하게 구비하고 각종 구두들도 가득했다. 여자의학전문학교와 성당 친구들에게도 빌려주며 젊은 시절, 계속하여 부유함을 누리고 살았다고 한다. 서울 유학 초기에는 후에 일본의 조선 밀정으로 유명하게 되었던 배정자의 혜화동 집에서 하숙하며 살았다. 이웃에 하숙하던 남학생들의 시끄러움을 피해 1944년 봄, 혜화동 다른 조용한 하숙집으로 옮겨 쾌적하고 즐겁게 지내게 되었다고 한다. 대갓집 안주인인 외할머니가 자주 서울에 오셔서 자매들을 보살피셨다. 외할머니는 음식솜씨도 매우 뛰어나서, 화

3　경성여자의학전문학교는 1938년 5월 1일 개교하여 5월 25일부터 첫수업을 하였는데 1942년 9월 30일 1회 졸업생 47명을 배출하였다. 그 후 미군정을 거치며 1948년 서울여자의과대학으로 승격하였고 1957년 1월 남녀공학이 되며 수도의과대학으로 개칭, 1966년 12월 종합대학교 우석대학교가 되었으나 학교재단의 자금난 등으로 1971년 고려대학교와 병합하게 되어 오늘날에 이르렀다.

경성여자의학전문학교 시절 외할머니와 두 자매(1943-1944년 사이)

1942년에 김경실 어머니 경성여자의학전문학교 입학 후 덕수궁에서의 두 자매

제3부. 김경실(金敬實) 어머니를 추억하며

과자도 집에서 만들고 엿과 놋지 등 다과와 간식들을 계속 해주와 서울을 오가시며, 때로는 인편으로 공급하셨다고 한다.

경성여자의학전문학교 시절 광복을 맞이했다. 경성여자의학전문학교 기록에 의하면 1946년 졸업은 없었으며 그 다음 해 개최된 1947년 졸업식은 예년과 달리 5월 1일 5회 졸업식이 있었다. 아마도 해방 전후 혼돈기와 미군 군정으로 직제 개편의 소용돌이에서 1945년까지의 의대 학제가 바뀌게 되었을 것으로 추정된다. 김경실 어머니는 1942년 경성여자의학전문학교에 입학하였다. 1948년에 경성여자의학전문학교는 서울여자의과대학으로 바뀌어 졸업생을 배출하게 된다. 따라서 경성여자의학전문학교 마지막 졸업 세대가 바로 어머니 김경실 졸업 동기인 1947년 5회 졸업생들이다.

외할머니는 서울에 첫째 딸 출산을 돌보기 위해 방문하셨다가 3·8선이 생기고 해주로 복귀 못하시고 고립되셨다. 이후, 경성여자의학전문학교 학생이었던 막내딸인 어머니 김경실과 함께 서울에서 사시기 시작하며 1961년 위암으로 영면하실 때까지 늘 함께 사셨다. 워낙 음식솜씨와 살림솜씨가 훌륭하셨던 외할머니 덕분에 우리 집안 살림과 음식은 늘 가득했고 정갈했으며 절제가 있었다.

외손녀인 나의 어렸을 적 기억으로는 외할머니는 인천 집에 일하는 언니가 새로 오면, 우리 집 입맛을 가르치신 것에 더하여 초기 평균, 6개월 간을 요리학원에 보내서 훈련시키셨다. 그날 배운 요리를 집에서 실습하게 하여 맛난 새 요리를 매일 더하여 준비하게 하셨다. 우리 집을 거쳐 시집간 언니들은 시집 가서도 요리솜씨와 살림솜씨가 아주

김경실 어머니 경성여자의학전문학교 시절(1942-1947)

경성여자의학전문학교와 경성여자의학전문학교 부속병원 정경

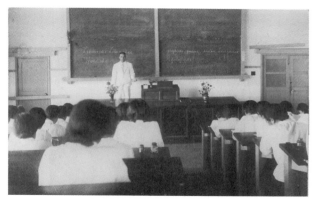

경성여자의학전문학교 수업 모습과 졸업식 기념 연회

김경실 어머니 경성여자의학전문학교 친구들과(1943-1947)

1947년 경성여자의학전문학교 졸업후 모교 부속병원인 경성여자의과대학병원에서 안과 수련의 시절

역사를 만든 여의사들

혜화동 성당에서

성당 성가대 하 신부님 송별회(1949.3.20.)

야무진 새색시로 평판이 좋았다. 황해도의 놋지와 화과자들을 비롯하여 온갖 맛난 해주 음식들, 꿩고기를 활용하는 특별한 별미의 음식 등 다양한 여러 맛난 음식들이 때마다 우리를 즐겁게 했다. 식사 때마다 상을 가득 채운 육·해·공 출신 성분의 다양한 음식을 맛보고 살았다. 해주식 사과와 배가 들어 있는 동치미의 환상적인 맛과 모양도 멋진 맛난 보쌈김치는 지금도 맛이 그립다. 아무리 재현하려 해도 그 맛이 안 나서 어려서 외할머니와 어머니의 음식솜씨를 못 익힌 것에 대해 못내 아쉬워하고 있다. 내 미식 감각의 진화는 오로지 외할머니와 어머니 덕분이다.

1947년 5월 1일 경성여자의학전문학교를 졸업(졸업증서 제191호)하면서 어머니는 모교 안과교실에서 지속적으로 수련하게 되었다.

김경실 어머니 졸업증서
(경성여자의학전문학교 5회 졸업생 1947.5.1. 191호)

좌측부터 김경실 어머니의 의사면허증 501호와
안과 전문의 자격증 44호.
1974년 국가적 의사면허증 재교부가 시행되어
갱신된 면허번호가 부여됨

안과교실 수련의 시절 사진 배경에는 경성여자의과대학으로 바뀐 명패를 볼 수 있다. 참고로 1974년 9월 1일 보건사회부 장관 고재필 명의로 전국적으로 의사면허증이 재교부되었다. 의사면허증 일련번호는 501호이고 같은 해 10월 19일에 발행된 안과 전문의 자격증 번호는 44호다.

이모 김경신은 1944년 9월 30일 경성여자의학전문학교를 졸업한 3회 졸업생이다. 졸업과 동시에 경성여자의학전문학교 소아과에서 수련하던 중 그 다음 해인 1945년 4월 17일 해주에서 결혼하였다. 1946년에는 경성여자의학전문학교 부속병원에서 6월 5일 출산을 하게 되었다. 이모 출산을 앞두고 외할머니가 해주에서 서울로 오셔서 이모의 산전·산후 조리를 돌보셨다. 이때부터 남북분단 시대적 상황으로 다시는 해주로 못 가시게 되었다. 이모는 1947년 시집인 군산으로 가게 되어 김경실 어머니는 혜화동에서 외할머니의 보살핌을 받으면서 수련의 시절을 보냈다. 1946년부터 어머니는 친정어머니 김봉애 여사께서 선종하시는 1961년까지 외할머니의 도움을 내내 받으며 모시고 함께 살았다.

모교에서 안과교실에서 일하던 중, 김경실 어머니는 1949년 이영춘 박사가 설립한 개정의 개정중앙병원 안과과장으로 초빙되었다. 이미 시댁으로 가서 소아과를 개업하고 있던 군산 언니네 집에서 약 십리 떨어진 병원에 외할머니와 함께 부임, 이주하였다.

3. 개정중앙병원의 안과 과장

김경실 어머니는 1947년 5월 1일 졸업하고 안과교실에서 일하다가 1949년 말 전북 옥구(沃溝)군 개정(開井)에 있는 개정중앙병원에 초빙되어 안과과장으로 일하게 되었다. 1929년 세브란스 의학전문학교를 졸업한 이영춘(李永春) 박사가 1935년 일본인 농장주의 요청으로 전라북도 개정에 내려가서 소작농민들을 돌보는 자혜진료소를 개설하고 진료를 시작하여 1945년 개정중앙병원을 설립하였다. 이어서 1948년 농촌위생연구소를 설립하여 군산지역은 물론 주변 김제, 완주, 익산주민들에게도 의료혜택이 갈 수 있었다. 농촌위생연구소와 개정중앙병원은 농민을 상대로 하는 병원으로 현재의 지방보건소나 지방 공공의료원, 병원의 시작이었다. 이영춘 박사와 세브란스의 김명선 박사와 오랜 기간 친우였던 외할아버지와의 깊은 인연 등도 어머니의 개정중앙병원 근무에 일조하였을 것이다. 또한 이미 이모(김경신)가 1947년 시댁이 있는 군산에 가서 소아과 개업을 하고 있었으므로 가까운 위치에 있는 개정중앙병원에 부임할 생각을 하고 1949년 외할머니와 함께 개정으로 내려가셨다. 이모댁과 개정중앙병원은 4km 정도 떨어진 거리였다고 한다. 개정중앙병원에서 근무하는 의사들의 사택이 있어서 어머니는 외할머니와 함께 여유로운 삶을 지낼 수 있었다.

김경실 어머니의 개정중앙병원 생활

    1950년 한국전쟁이 발발했다. 전쟁 중인 1950년 하반기에도 어머니는 외할머니와 함께 개정중앙병원에서 일하고 있었다. 1951년 1월 말경 미해군 상륙용 군함 LST(3,000톤급의 거대한 선체로 6·25 동란 시 한국에 파견되었다)가 군산항에 왔다. 이미 이모부는 제주로 피난

가 있던 상황이었다. 그 배가 진해를 거쳐 제주도로 간다고 하고 또한 선원 중에 어머니와 이모의 외사촌 오빠인 김찬웅(金燦雄)의 해양대학 동창이 있어서 이모 가족과 어머니, 외할머니가 모두 함께 승선하여 제주에 갔다. 그러나 상륙허가가 나지 않아 약 2개월 동안 선상생활을 하다가 결국 1951년 3월에 군산으로 다시 돌아가게 되었다고 한다. 이 때 약 2개월의 제주도행 해상 위에서의 피난 생활 외에는 전쟁 중에도 지속적으로 개정중앙병원에서 근무하였다.

개정중앙병원은 해방 직후에는 이영춘(李永春) 박사와 차기준(車機權) 선생(이영춘 박사의 사위) 등이 소규모의 종합병원에서 시작하여 점차 발전하였다. 6·25 전쟁이 발발하며 서울에서 피난 온 의사들이 영입되는 동시에 미군들의 도움으로 당시로는 인근 어느 도시에서도 볼 수 없는 종합병원으로 발전했다. 어머니는 젊은 여의사로서 한국전쟁 전후로 미군들의 원조등 개정중앙병원을 확장하는데 결정적인 공헌을 하며 전북지역내 헌식적 의료활동에 중심된 역할을 했다고 한다.

세브란스의대와 경성제대의대 출신들 남자 의사들 사이에서 홍일점 의사이자 수술 솜씨가 출중한 안과 의사로 알려지면서 매우 바쁘게 그 지역 일대의 안질환 환자들을 돌보게 되었다. 더욱이 지소 간호사 교육은 물론 농촌위생지도소 강의까지 하며 지역에서의 활동이 두드러졌다고 한다. 워낙 손재주가 탁월한 어머니의 수술 솜씨는 명성이 자자했다. 다른 외과계 선생님들도 어머니의 수술 실력을 잘 알아서 어려운 수술에는 무조건 어머니의 수술 지원을 간청했고, 이모부

김경실 어머니의 개정중앙병원 생활

도 전쟁 중에 군산에서 이모와 함께 소아과·산부인과를 개업하고 있을 때 어머니의 출중한 실력의 도움을 많이 받으셨다고 한다.

이때 외할머니와 어머니는 이모의 장남과, 장녀를 개정에서 돌보다가 초등학교에 입학하면서 군산으로 보내게 되었다. 나의 외사촌 큰오빠와 큰언니는 외할머니와 이모인 나의 어머니의 사랑을 많이 받고 자랐다. 우리집이 외갓집인 셈이라 방학이면 인천에도 자주 와서 많이 기거하였고 수시로 놀러 왔다.

당시 아버지 안봉한(安奉漢)은 인천해항검역소 소장으로 군산에 지부를 만드는 임무를 띠고 군산에 출장 파견되었다가 한국전쟁을 겪게되었다. 일정 기간 군산에서 복무(1950.4-1951.9)하게 되며 나의 외할아버지의 적극적 주선으로 동향 해주 출신 어머니와의 만남이 이루어졌다. 이미 천재의사로 한국의 노구치 히데요로 유명했던 아버지를 놓치고 싶지 않았던 외할아버지의 적극적인 나섬으로 성사되었다. 1951년 9월부터 다시 한국전쟁 전 안봉한 아버지의 근무처이던 국립인천해항검역소 소장으로 복귀, 부임한 상황에서 1953년 휴전 후 11월, 개정에서 많은 분들의 축하를 받으며 결혼식을 치르게 되었다.

인천이 아버지가 남하한 동생들과 함께 기거했던 거처여서 결혼 후 외할머니와 함께 인천으로 이주했다. 1954년 인천에 정착하며 인천 최초의 안과의원, 김안과 의원을 개원하고 2003년까지 인천에서 환자들을 돌보았다. 인천에서 안과 최고의 명성을 구가하며 노후에도 김안과에 가야만 눈이 낫는다는 믿음을 가진 환자들이 많아 행복해하셨다. 노후에는 수술환자를 안 받고 하루에 10시부터 오후 4시경까

어머니, 아버지 약혼과 결혼

약혼 사진

결혼(1953.11)

제3부. 김경실(金敬實) 어머니를 추억하며

지 시간을 단축하여 환자들을 돌보셨다.

결혼 가족사진에 나오는 김경실 어머니의 외사촌도 의사였는데, 김인환 오촌 외당숙은 일제 때 일본 정부가 만주에 설립한 의학전문학교를 졸업했다. 당시 만주에서만 의사로 인정해 주는 자격이었으나, 북한에서는 해방 후 정식 의사로 인정을 받았다. 남한에서는 의사자격을 인정해 주지 않아 1954년에 국가시험을 치르고 정식 면허를 취득하여 서울 중구 태평로에서 개업한 바 있다.

4. 최고 실력의 성실한 여의사, 김안과 원장님

　김경실 어머니는 인천으로 이주하며 가장 첫 번째 주소지가 인천시 항동 1가 2번지였다. 아버지 안봉한의 국립인천검역소장 관사로 인천 개항시절 영국영사관 자리였다. 이곳에서 나를 임신한 어머니는 첫 김안과 의원 개원은 신포동에 위치한 곳에서 시작하셨다. 나의 분만은 4년간 안과과장으로 봉직하던 개정중앙병원에서 하셨다. 나를 출산한 어머니는 외할머니와 함께 다시 인천으로 돌아오셔서 인천에

1954-1956년의 신포동 김안과의원 시절

서 최초의 안과의원, 김안과의원을 개원하였다. 신포동의 첫 김안과의원에서 개업의로서의 명성을 쌓아 나갔다.

최고의 실력을 가진 안과 의사 선생님이자 성실하며 아름답고 멋진 전문의 여의사의 명성이 인천 장안에 퍼졌다. 안과 전문의로서 김경실 어머니는 인천 시민에게 매우 사랑받는 안과전문의가 되었다. 눈에 문제가 있으면 무조건 김안과로 가야 했다. 김안과의원의 명성이 퍼지며 곧 더 넓고 쾌적한 수술실과 입원실이 구비된 곳으로 이전하게 되었다, 첫 번째 신포동의 김안과 의원에서 두 번째로 둥지를 틀게 된 곳은 그 당시 가장 번화가인 경동사거리의 용동 239번지(현재 인천광역시 중구 용동 239번지)다. 3층 건물로 앞에서는 그리 크게 보이지 않으나 앞뒤로 길고 넓어서 작은 한 블럭을 다 차지한 곳으로 1층은 진찰실과 대기실, 그리고 김경실 어머니의 거실과 주방이 위치했고 2층의 일부는 수술실과 입원실, 일부 우리의 살림집이 위치했다. 3층은 우리 가족의 살림집이었다.

경성여자의학전문학교 시절부터 신심이 깊어진 김경실 어머니의 인천 답동성당 사랑은 특별했다. 아래 사진에서 보듯이 답동성당은 우리 집 옥상에서는 아주 가까이 보일 뿐 아니라 걸어서 5분도 안 걸리는 장소에 위치했다. 첫 김안과의원도 우리나라에서 가장 먼저 세워진 답동성당과 가까이 위치하여 언덕 위의 성당이 집에서도 바로 눈앞에 보이는 곳이었다. 아침, 점심, 저녁 삼종의 은은한 성당 종소리가 커다랗게 들리는 성스러운 장소였다. 두 번째 번화가에 위치했던 김안과의원 역시 답동성당과는 지척의 거리라 늘 삼종소리를 들으며 자랐다.

역사를 만든 여의사들

지척에 있는 답동성당에서 삼종소리가 늘 들리는 1957년부터의 경동사거리 김안과의원

지척에 있는 답동성당에서 삼종소리가 늘 들리는 1957년부터의 경동사거리 김안과의원

역사를 만든 여의사들

나는 유아영세는 물론이고, 유치원부터 초등학교까지 답동성당 부설 유치원과 박문초등학교를 다니며 태어나서부터 학창시절 계속 가톨릭의 영향을 받으며 자랐다. 성당의 넓은 마당과 박문유치원, 박문초등학교, 사제관의 고등학생용 독서실은 내가 고등학교 졸업할 때까지 놀이터와 휴식처와 공부방이기도 하였다. 성당은 수시로 드나들며 화살기도와 성체조배를 할 수 있는 영혼의 집이었다. 아침, 점심, 저녁 성스러운 종소리가 은은하지만 크게 들려서 삼종기도를 거의 매일 하며 살았다. 대학교 시절의 성당 미사 반주자로서, 초등학교 주일학교 선생님의 역할 수행 추억은 기쁜 경험이었다. 답동성당은 우리 가족 삶의 중요한 일부였다.

신포동의 김안과의원에서의 기억은 아주 희미하게 몇 장면이 생각날 뿐이다. 기억의 거의 대부분은 경동사거리에 위치한 김안과의원에서의 기억이다. 1957년 두 번째 김안과 장소로 내가 3세 때 이사를 하게 되었다. 이곳에서 김경실 어머니는 1녀 3남의 다정다감한 멋진 어머니로, 인천의 유명한 안과전문의 의사로, 의무공무원 아버지의 충실한 내조자로 최선을 다하셨다. 딸인 나의 오늘은 우리 어머니와 외할머니 없이 존재할 수 없었다. 어머니 김경실은 언제나 머리도 단정하고 곱게 치장하고 계셨다. 한집 건너 옆집이 미용실이었는데, 늘 그 집에 아침 일찍 가서 준비하거나 응급상황이 있을 때는 그 미용실 원장님이 우리 집에 와서 어머니의 머리를 단정하게 매만져 주었다. 환자를 대할 때 전문직 여의사로 언제나 준비되고 단정한 모습으로 환자를 대했다. 의사로서의 어머니는 환자들 누구나에게 매우 친절했

어머니의 진료실과 진료 모습

다. 그리고 최선을 다하는 모습이었다.

　어머니의 명성은 인천에서 최고였다. 워낙 탁월한 예술적 재능에
힘입어 수술솜씨도 최고였다. 당시에는 안과에서 쌍거풀 수술을 했는
데, 어머니께서 수술하신 환자들이 와서, "김원장님이 수술해 주신 쌍
거풀이 수십년이 지나도 아직도 자연스럽고 예쁘고, 보존이 잘 된다"
며 좋아하셨다고 한다. 무엇보다도 어머니는 환자들에게 최선을 다하
셨다. 어머니는 식사시간에 환자가 내원하면 곧바로 식사를 중단하시
고 환자를 보셨다. 어떤 때는 세네 번까지도 마다하지 않으실 정도 절
대로 환자를 기다리게 하지 않으셨다. 또 한밤중에 문을 두드려도 바
로 진찰을 할 수 있게 급한 응급환자를 언제나 잘 돌보셨다.

　어머니의 수술 솜씨는 인천 전역에 유명하여 어머니의 수술 솜씨만
을 신뢰하고 어머니의 치료만을 신뢰한 환자들이 정말 많았다. 모두

안과전문의 김경실의 진료수첩과 기구들 일부

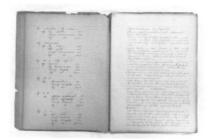

수기한 안과 처방전집

김안과 콘택트렌즈 박스

김안과 콘택트렌즈 박스내부

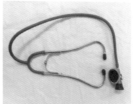

사용하던 청진기

안과 수술용 트레이

안과용 집기 중 하나

안과용 집기와 트레이

수술용 사각포

여러 종류의 안과용 볼 1

여러 종류의 안과용 볼 2

제3부. 김경실(金敬實) 어머니를 추억하며

가 찾는 유명한 안과 전문의였다. 수술이 많아서 과로로 자연유산까지 겪으셨는데, 나는 이 사실을 2000년대에서야 듣게 되었다. 그만큼 자식들에게는 어머니의 어려움을 내색하지 않으셨다. 오죽하면 의사 딸인 내가 어머니는 안과를 하셔서 쉽게 일하는 줄 알고 나는 어렵게 일하면서 최선을 다하겠다고 산부인과를 선택했을까? 우리 어머니는 자식들을 위해 진정 헌신하셨다.

5. 김경실 어머니와 안봉한 아버지

　아버지 안봉한(安奉漢)은 1920년 6월5일(음 4월 19일) 순흥 안씨 집성촌이 있던 황해도 해주시 석계동 24번지에서 아버지 안기선과 김음전 어머니의 3남 4녀 중 둘째 아들로 태어났다. 가족은 모두 해주에 있는 상황에서 1939년부터 경성제국대학교 의과대학에서 연구하게 되며 홀로 서울에서 기거하게 되었다. 광복을 맞으며 3·8선을 경계로 갑자기 이산가족이 된 후 일생 북에 계신 가족들을 그리워하셨다. 남북분단이 되고 바로 술과 담배는 부모님을 뵙고 하시겠다는 결심을 하시고는 끝내 생전에 통일을 보시지 못하게 되었다. 그 결심은

안봉한 아버지의 젊은 시절 모습

평생 지키셨다. 한국전쟁 후에 여동생 두 분 고모와 남동생 한 분인 작은 아버지가 천신만고 끝에 남하하여 아버지와 함께 결혼하기 전까지 한 가족으로 살게 되었다.

아버지는 거의 일생을 의무공무원으로 지내시며 나에게 의무공무원의 꿈을 키워주신 분이시다. 1939년, 19세에 의사면허시험에 합격하고 한국의 '노구치 히데요'[4]라고 일본신문에도 일면을 장식하는 천재 의사로 세간에 회자되었다. 그 당시 아버지를 기억하는 많은 의사선생님들이 내게 아버지에 대한 말씀들을 하셨다. 아버지로 인해 고무되어 의사가 되셨던 분들도 많이 계시다고 주변의 의사선생님들께서 찬사를 아끼지 않으셨다. 1939년 의사시험에 합격(859호) 후 경성제국대학교 의과대학 미생물학 교실에서 연구했다. 광복 이후 1946년부터 1948년까지 개성검역소 소장으로 일하며 남하하는 월남민들의 진료와 검사를 포함한 검역업무로 의무공무원 생활을 시작하셨다. 1939년부터 경성제국대학교 의과대학에서 연구하는 시절들을 비롯, 우리나라의 여러 매체와 일본 언론들에 의해 대서특필된 신문들을 예전 어렸을 적에 접했으나, 지금은 딸인 나의 부주의함으로 소장하고 있는 자료가 거의 없다.

의사면허번호를 보면 1974년 9월 1일 보건사회부 고재필 장관 명

4　노구치 히데요(野口英世, 1876.11.9.-1928.5.21.): 일본의 의사이자 세균학자, 병리학자. 장애를 딛고 세계적인 의사가 되었다는 일본이 자랑하는 세계적인 의사다. 후쿠시마에서 가난한 농부의 아들로 태어나서 18개월 어린나이에 화상으로 손이 불구가 되었으나 그로 인해 의사가 되겠다는 결심을 하고 20살에 의사시험에 합격하여 세계적인 미생물학자로 거듭난다. 일본 화폐 1,000엔 지폐의 인물이 바로 노구치 히데요다.

　　　　　　　　　　　　　　　　　역사를 만든 여의사들

의로 재발행된 어머니의 의사면허증번호는 501호이고 아버지는 면허번호가 3,937호다. 아버지가 의사시험에 합격한 해는 1939년도이고, 어머니가 의사면허를 받은 해는 1947년도로, 그사이 많은 의사들이 배출되었을 것이지만 1974년 다시 재발행된 의사면허번호는 오히려 역전되어 있다. 아마도 이는 일제하에서의 의사면허번호와는 체계를 달리하여 의사면허를 받은 순서가 아니고, 다른 분류에 따라 정비했을 가능성이 크다. 일본사람들도 한국에서 교육받고 한국면허증들을 취득하였고, 1920년대부터 일본에서 의대를 졸업한 경우는 한국에서 따로 시험을 보지 않아도 면허증을 취득한 경우들도 있다. 한국전쟁을 거치고 또 남북분단으로 의사면허번호 역시 다양한 이유로 정

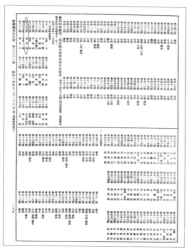 

안봉한 아버지의 『조선총독부관보』에 실린 의사면허와 그 당시 『조선일보』 기사(1939년 11월 28일자)
(1939년 12년 26일자 『조선총독부관보』에 실린 안봉한 아버지의 의사시험 2차 합격자(1939.11.9.)
발표와 번호(859호)(좌측))

1941년 경성제대의학부 미생물학교실에서 연구 당시 기사(『매일신보』 1941년 1월 3일자)

비에 영향을 받았을 가능성이 크다.

1947년부터는 개성검역소와 국립 인천해항검역소에서 겸직으로 소장으로 일하는 중에 1948년 개성검역소를 폐쇄하게 되면서 인천해항검역소 소장으로서 연구실 업무도 병행하게 되었다. 한국전쟁 직전 1949년 4월 군산검역소를 분원을 설립하며 이 작업을 완수해야 하는 소장으로 발령받아 군산검역소 분원개소를 총괄하였다. 운명적으로 그때 개정중앙병원에서 일하고 있던 어머니를 만나고는 전쟁 중 다시 인천해항검역소 소장으로 발령받아 일생을 (의무)공무원으로 봉직하셨다. 승승장구하며 국제보건기구(WHO) 등 국제업무와 동남아 6개국 시찰 완수 등, 공무원으로서의 전도 창창한 입지를 다지는 중에 공무로 인천 앞바다의 외항선 검역업무를 나가셨다가 뇌출혈로 쓰러지셨다.

갑작스러운 일이기도 하였으나 심해 바다에 나가서 검역업무를 하고 있던 상황에 벌어진 일이라 응급처치가 지연되었다. 그 후 인천 기독병원 중환자실에서 한동안 사경을 넘나드는 중환자로 계셨다. 그때가 내가 초등학교 5학년, 즉 1965년의 일이다. 나 역시 4학년 때 이하

역사를 만든 여의사들

의무공무원으로서의 안봉한 아버지의 여러 활동들

1960년대 WHO 자문관으로 지역 시찰 중인 안봉한 아버지

선염 후유증으로 신우신염이 위중해져서 의식불명까지 생사를 넘나들며 수개월을 병원에 입원한 다음 해였다. 나의 병환으로 어머니를 놀라게 하여 겨우 회복되었는데 다음 해에는 아버지께서 쓰러지신 것이다. 지금 기억에 아버지는 한동안 의식이 없으셨고, 깨어나셨지만 회복은 느렸다. 이때부터 그 천재 의사 아버지의 말씀과 행동이 예전 같은 민첩함과 탁월함을 잃으신 상황이 되셨다.

아버지가 하시던 사회생활 반경이 좁아지고 오히려 아버지가 하시던 다양한 여러 가지 일들의 대부분을 어머니가 수습하고 해결해야 되는 일이 되었다. 회복이 천천히 되었으나 그동안의 혁혁한 공로로 인천검역소 소장으로서의 자리는 한동안 수행하셨다. 다시 중학교 2학년 때 한번 더 쓰러지시는 상황이 되었다. 어머니의 극진한 간호로 회복 되셨으나 예전 상황으로의 100% 복구는 여전히 되지 않았다. 그 후에도 여러 번 나빠지시는 상황과 회복되는 상황이 반복되었다. 어머니의 짐과 부담은 컸으나 우리들은 당시 어머니의 상황을 눈치챌 수 없었다. 어머니는, 아버지는 물론 우리를 극진하게 돌보셨다.

나는 부모님이 큰 음성으로 다투시는 것을 본 적이 없었다. 우리 형제들 모두가 한결같이 일생 부모님의 다툼을 본 적이 없었다. 아버지는 어머니가 무어라 하셔도 그냥 '허, 허'하시며 사람 좋은 웃음으로 넘기셨다. 두 분 만의 시간에 어떤 일이 있었을지 알지 못하지만 우리 가정은 아주 화목했던 가정이다. 아버지가 쓰러지시기 전까지 우리는 인천의 바다에서 배를 타고, 혹은 철마다 바다낚시도 하며 가족이 함께 많이 놀러 다녔다. 주말에는 언제나 맛난 가족외식을 다양하게 하며, 외식 후에는 영화관을 함께 다녔다. 그 어렸을 때 어머니 아버지와 함께 본 영화들이 지금도 눈에 선하다. 인천 앞바다의 섬마다 우리의 추억이 서려 있다. 이 글은 어머니를 위한 글이므로 어머니의 삶을 주로 이야기하지만, 아버지는 모든 분이 말하듯 '법 없이도 사시는 부처님 같은 분'이셨다. 나는 아버지가 화내는 일을 일생 본 적이 없다. 그래서 더 특별한 아버지시다. 다만, 45세 어느날 겪게 된 뇌졸중의 후유증으로 그 빛나던 아버지의 유머와 말씀들이 많이 지속되지 못하여 안타까울 뿐이다.

역사를 만든 여의사들

가족사진들

1958년 가족사진

1960년 가족사진

1962년 가족사진

매년 인천 근해 여름의 해수욕장 탐방

아버지 1963년 국제보건기구(WHO) 동남아 시찰후 귀국장에서 가족들과 환영나온 직원들

제3부. 김경실(金敬實) 어머니를 추억하며

1967.2.15. 장녀 박문초등학교 졸업식

1967년 장녀 중학교 입학 기념 가족사진

1971년 장남 고교 입학기념 가족사진

1979년 장녀 연세대의대 졸업식 가족사진

장녀 의대 졸업식에서 아버지와 어머니

1983년 첫 외손 탄생 기념 가족사진

역사를 만든 여의사들

아버지가 쓰러지신 후, 워낙 낙천적인 성격이었던 어머니는 모든 것을 홀로 극복하셨겠으나 철없는 자식들은 눈치도 채지 못했다. 어머니는 우리가 어려움도 알아채지 못하게 끊임없이 사랑해 주셨고 격려하고 또 격려하셨다. 어머니의 가톨릭 신앙에 의거한 부분도 많았을 것으로 사료된다. 아버지의 상태가 예전같이 활달하지는 않으셨으나 그 부분에 나는 매우 무딘 감각을 지녔던 것 같다. 아니 어머니의 낙천성과 행동력으로 아버지의 문제를 우리 가족들이 심각하다고 생각하지 않게 배려하셨다. 내가 유치원도 가기 전 어릴 적부터 우리 아버지와 어머니, 형제들은 주말이 내내 즐거웠다. 맛있고 다양한 외식을 함께 하고, 영화보고 나들이 하는 것이 주말의 일상가족행사였고, 아버지가 거동을 하시는 한 우리 집 주례행사는 멈춘 적이 없었다. 즐겁고 다양한 추억들이 겹겹이 쌓여 있다.

나는 하고 싶은 모든 것을 할 수 있었다. 어머니는 미술을 하고 싶다면 그것을 전폭적으로 지원해 주셨다. 피아노와 기타도 배우고, 발레와 고전무용, 가야금과 창, 사물놀이 등 모든 것을 섭렵하게 해주셨다. 원하는 것은 두 말씀 않고 허락하셨다. 어머니는 칭찬을 아끼지 않았다. 나는 신나서 더 공부도 잘했고, 모든 하는 일을 열심히 하며 즐겼다. 만화방 가는 것도 나의 즐거움의 한 원천이었다.

6. 실질적 가장 역할

　1965년 처음 공무 집행 중 뇌졸중으로 쓰러지신 이래로 아버지는 쓰러지시는 상황이 여러번 반복 되었다. 그때마다 어머니의 지극정성 간호와 보호를 받으시며 때로는 많이 회복되시고 어떤 때는 조금 나쁜 상황을 한동안 유지하셨다. 의무공무원 생활을 지속하시며 정년 퇴임 하셨다. 천재 의사로서의 꿈을 다 이루지 못하셨고 앞날이 유망했던 보건사회부 장관감으로 기대를 받았지만 그 꿈은 건강상황으로 접어야 했다. 그러나 어머니의 내조로 청백리의 삶을 사실 수 있었고 1녀3남 자녀들도 다 유복하게 컸다. 마지막 두 해는 많은 시간 자리에 누워지내시다가 1992년 1월 2일 향년 71세로 선종하셨다.

　아버지가 공무 중에 뇌출혈로 첫 번째로 쓰러지신 때인 1965년부터 어머니는 실질적인 우리 집의 가장이었다. 그때가 어머니 연세, 만 40세. 얼마나 왕성하게 전문적으로도, 일상적으로도 사회활동을 하며, 인생을 즐겁게 살아가는 인생의 절정 나이인가! 그러나 어머니는 이때부터 우리 가족들의 실질적 가장이었다. 물론 아버지께서도 일정 부분 사회생활을 하셨지만, 그 모두가 어머니의 조력이 컸다. 그동안의 아버지가 진행하셨던 개인적인 부분도 모두 어머니의 일로 전환되었다. 전문직 의사로서만 일하던 어머니는 아버지께서 진행하시던 여러 투자부분까지 신경써야 하는 상황이 되었다. 아버지의 불행으로

역사를 만든 여의사들

인한 외부인들의 여러 사기행각의 피해까지도 고스란히 감당해야 했다. 또한 아버지의 질병구환도 지속적으로 계속되었다.

화양연화의 시간은 지났으나 활달했던 어머니의 꿋꿋함은 여전했다. 그 모든 불행한 상황으로부터 가족을 지켰다. 가족들은 그러한 잘못된 상황들을 시간이 많이 흐르고 30여 년 후인 2000년대에야 비로소 알게 되었다. 어머니 혼자 모든 상황을 견디고 극복했다. 얼마나 외로우셨고 힘드셨을까 송구하기만 하다. 그러나 우리 자식들과 일정 부분 회복된 아버지와의 가정생활은 즐겁고 화기애애했다. 잘못된 상황을 자식들이 잘 모르게 지낼 수 있었던 것은 오로지 어머니 덕분이다. 우리는 아버지가 몸이 조금 불편하시게 되었다는 것만 알고 지냈다.

그래서 더욱이 어머니의 사회생활은 반경이 가족과 주변 이웃에 더 집중되었다. 어머니는 여전히 김안과 의원을 운영하시다가 75세 이후부터는 10시부터 오후 4시경까지만 단축 진료하셨다. 2003년, 79세에 대장암이 발견되자 그때서야 김안과의원을 접으셨다. 김경실 선생님에게 가야 눈이 낫는다고 김안과의원에만 오는 인천의 여러 환자들을 돌보시며 감사하고 기뻐하셨다. 할머니 선생님을 찾는 여러 인천 시민들에게 진심으로 고맙다고 하시며 열심히 진료에 임하셨다.

늘 깔끔하신 성품에 어머니 방은 언제나 잘 정돈되어 있었다. 심지어는 어머니 사후에 우리가 정리하는 것이 신경쓰이신다고 어머니의 기록과 물품들을 생전에 모두 정리하셨다. 그래서 정말 안타깝다. 그 엄청난 정리 정돈된 기록들이 사라졌다. 그 역사를 딸이 잘 보존해야 했었는데, 그때는 그 중요성을 몰랐다. 심지어는 해주행정고녀 시절의 그림작품들 일부와 여자의학전문학교 시절의 노트 및 기록들, 그 후 수련시기와 의사로 생활하시면서 가지고 계셨던 기록들이 유려한 필치로 많은 자료가 있었다. 딸이 미국을 여러번 오가며 국제간 이사를 자주 하고 살면서 어머니의 기록을 챙기지 못하였다. 사진들도 모두 틈틈이 파쇄하셨다고 한다. 요즈음 같으면 모두 스캔하여 디지털 자료화 했을텐데, 곱씹을수록 아쉽고 안타깝다.

화가가 꿈이었던 어머니가 그리신 많은 아름다운 작품들도, 펜화들도 어머니가 다 정리하셨다. 솜씨 좋은 어머니의 수예 작품도 대부분이 유실되었으나 만들어 주셨던 옷들과 손뜨개 이불들이 몇 점 남아있다. 지금 보아도 아주 훌륭한 작품들이다. 그러나 세세하게 만들어 주신 우리들의 장난감, 종이인형과 옷들은 다 사라졌다.

일생 어머니의 칭찬과 격려로 하나밖에 없는 딸의 오늘이 있다. 한국에 있을 때도, 미국에 있을 때도, 국회의원을 할 때도 언제나 어느 곳에서도 그랬다. 어머니의 간단없는, 그리고 그 반짝이는 순수한 눈과 행동에 스며있는 사랑의 힘으로 나에게 주어진 일들을 잘, 열심히, 즐겁게 할 수 있었다. 외할머니와 어머니의 대를 이어 내려오는 딸에서 딸로 전해진 집단 무의식과 유전자의 힘일 것이다. 무엇보다도 사랑의 힘일 것이다.

어머니는 내가 국회의원이던 시절인 2007년 7월 25일 82세를 일기로 선종하셨다. 돌아가신 날 나는 외국출장을 마치고 돌아와서 공항에서 바로 인천의 친정집으로 가서 인사를 드렸다. 나를 기다리셨던 것이 틀림없이 반갑게 인사해 주시고 내가 친정을 떠나 서울집에 도착하자 동생으로부터 선종 연락이 왔다. 하느님의 품으로 가셨다. 어머니의 일생은 40세 꽃다운 나이부터 뇌출혈로 쓰러진 남편과 일녀삼남 자녀들을 다복하게 키우는 데 온 삶을 불사르신 헌신의 삶이셨다. 오늘의 나는 김경실 어머니의 사랑과 헌신의 작품이다.

하나뿐인 딸인 나는 의과대학교에 가면서부터는 서울에서 기거하게 되었다. 서울 이모댁에서 시작하여 때로는 동생들과 함께도 살았으나 서울에서 둥지를 틀게 되었다. 더구나 의대공부의 특수성 때문에 어머니와 많은 이야기를 할 시간이 물리적으로 워낙 없었다. 어머니로부터 일생 무한한 사랑과 보살핌을 받고, 또 받고 살았을 뿐이다. 세브란스 병원에서 수련의 과정을 마치고 전문의가 되며 결혼과 출산, 미국으로 이주하게 되었다. 그 후 14여 년간을 미국에서 치열하게 살다가 귀국해서도 삶이 분주했다. 지금으로서는 어머니의 이야기를 들을 수 있는 시간을 놓쳤다는 사실이, 또한 어머니의 기록들을 챙기지 못한 점이 가장 후회되는 부분이다.

2장

김경실 어머니에 대한
딸 안명옥의 추억

역사를 만든 여의사들

1. 집이었던 병원에서의 어머니

집이 병원이자 병원이 집이었으므로 학교갈 때도 어머니에게 인사하고 등교했다. 학교에서 돌아올 때도 어머니에게 인사를 하며 집에 들어왔던 터라, 나는 일하는 어머니의 어려움도 잘 모르면서 지냈다. 어머니는 내가 찾을 때 늘 옆에 계셨다. 어머니의 사랑을 항상 느끼면서 살았다. 그에 반해 출퇴근을 하는 봉직의 교수로 살아온 나의 삶은 두 아들과 많은 시간을 같이 할 수 없었다. 지금의 여의사들 대부분이 자녀들 양육에 어려움을 나같이 겪을 것이다. 지금 생각해 보면 어머니께 고마움이 크고도 크다. 어머니는 나에게 늘 따뜻함의 상징이었고 미국에서 유학시절이나 일할 때, 그리고 다시 돌아왔을 때도 나의

1959년 박문유치원 첫해를 마치고 졸업식 사진

1960년 박문유치원에서의 2년차 수업

든든한 배경이고 영원한 지원자였다. 가장 편하고 사랑하는 제일 좋은 친구였다.

어릴 때부터의 기억 순으로 간단히 살펴본다.

1959년, 1960년 아직 나이가 어려서 학교는 가지 못하고, 만 4살, 5살에 성당 유치원인 박문유치원을 두 해 연속 다니게 되었다. 첫해를 재미있게 다니고 둘째 해는 동생과 함께 다니게 되었다. 이어서 1961년에 같은 답동 성당 캠퍼스 안의 박문초등학교를 다니게 되었다. 당시 장녀인 나에 대한 온 가족의 사랑은 넘치고도 넘쳤다. 이미 한글을 다 읽을 수 있는 상태로 유치원을 가서, 학습 속도는 빨랐고, 온갖 예능 방면의 모든 습득도 빨랐다. 어머니는 그런 딸을 격려만 하셨다. 유치원 시절 세계아동미술대회에서 최우수상을 받을 수 있었던 것도 그 격려에 힘입어서다. 아무것도 모르면서도 그저 어머니의 격려와 칭찬에 신났고, 뭐든 열심히 하게 되는 계기가 되었다.

역사를 만든 여의사들

외할머니 환갑 생신(1960) 때에 찍은 외조부모와 외가 친척들

제3부. 김경실(金敬實) 어머니를 추억하며

유치원 2년 차에 잊지 못할 사건들도 있었다. 1960년 4.19 학생혁명으로 어수선한 상황에 인천의 가장 중심시가지였던 경동사거리에서는 학생들 데모가 한창이었다. 병원은 문을 닫고 있었는데, 다양한 큰소리들이 예사롭지 않아, 문틈으로 보는 경동사거리의 광경이 뇌리에서 지워지지 않는다. 학생들이 커다란 함성을 지르며 한쪽에서는 학생들이 묶여 있었고 뛰는 사람, 신음하며 쓰러진 사람들, 모두가 한 눈에 들어왔다. 그때의 기억이 어른이 되어서도 나의 정의와 사회에 대한 가치관 형성에 일조하였다.

1960년에는 또한 외할머니의 환갑인 해로 어머니는 5일에 걸쳐 환갑잔치를 성대하게 차려드렸다. 남한에 내려와 있는 모든 친인척과 지인을 초대하셨다. 출장요리사들과 기생들이 5일 동안, 이 잔치를 위해 동원되었다. 경성여자의학전문학교 초기 2년을 제외하고는 어머니는 일생 어머니(내 외할머니)와 함께 지내며 매우 특별한 유대관계를 형성했다. 어머니와 외할머니는 서로 큰소리를 낸 적도 없을 뿐더러 늘 눈길마저도 사랑이 넘치는 관계였고 아주 특별했다. 또한 딸 둘을 모두 의사로 키운 외할머니도 대단했지만, 대를 잇겠다며 작은댁을 봐서 외할머니 마음을 아프게 한 외할아버지에 대한 원망이 어머니에게는 계속 남아있었다. 어머니는 정성을 다하여 외할머니의 환갑상을 마련했다. 외할아버지 환갑상은 마련하지 않았던 어머니이고 집에 가끔 오시는 외할아버지에게 핀잔을 자주 했다. 그러나 외할아버지의 막내딸에 대한 사랑은 매우 컸고 무한한 듯 보였다. 외할아버지는 손녀딸에게는 늘 사랑을 퍼부어 주며 매우 아껴주시는, 다정하

역사를 만든 여의사들

고 멋진 할아버지였다.

　외할머니께서는 환갑 해 그 다음 해인 1961년 위암진단을 받으셨다. 그 당시 아시아 최고의 시설을 자랑하는, 첫째 사위(이모부)가 산부인과 과장으로 근무하는 국립의료원에서 수술을 받으셨으나 61세에 별세하셨다. 어머니의 슬픔은 너무나 커서 자주 우시는 모습을 한동안 속절없이 지켜만 봐야 했다.

2. 단아한 모습과 창의성이 빛나는 어머니

매주 일요일에는 가장 아름다운 양장이나 한복을 입고, 딸도 예쁘게 입혀서 늘 성당에 데리고 가셨다. 우리 어머니와 나는 옷도 양장점에서 같은 디자인으로 맞추어 입어서 그야말로 늘 로라 애쉴리[5] 스타일 모녀였다. 또한 봉헌금은 언제나 은행에서 신권을 준비하셔서 신권을 예쁜 봉투에 넣어 봉헌하셨다. 나에게도 돈을 주실 때는 언제나 예쁜 봉투에 신권을 넣어 주셨어서 정갈한 봉투와 신권을 준비하는 버릇은 나의 일생 습관이 되었다. 성당에 봉헌하거나 누구에게 축하할 일이 있거나 세배봉투 등 모든 봉투는 예쁘게 준비한다. 더하여 메시지 있는 아름다운 스티커를 붙쳐 내 사랑과 정성을 보이려고 한다. 어렸을 적 어머니에게서 배운 습관이다.

성당을 다녀와서는 외할머니와 함께 또 단정하고 예쁘게 차려입고 외할머니께서 다니시는 내리교회로 예배를 보러 한번 더 간다. 어려서부터의 이러한 집안의 환경은 어떤 종교에도 너그러운 나의 입장과 가치관을 가지게 되는 계기가 되었다. 더욱이 인천에는 한국 성당의 기원인 답동성당, 한국기독교의 시작인 내리교회와 더불어 한국성공

---

[5] 1953년에 설립된 영국의 로라 애쉴리(Laura Ashley)는 유명한 라이프스타일 및 패션 브랜드다. 엄마와 딸이 함께 같은 스타일을 공유하면서 특별한 유대감을 가질 수 있는, 전통적으로 엄마와 딸이 함께 착용할 수 있는 페어룩(Mother-Daughter Matching) 스타일로도 유명하다.

회의 시작인 성공회 교회가 모두 다 있다. 친한 친구 가족 모두 성공회 독실한 신자였어서 그분들과 성공회에 가기도 했다. 해방 후 남북 분단이 되고 월남한 아버지의 남동생, 삼촌은 나중에 천태종 스님으로 불교에도 이해가 확대되었다.

외할머니와 어머니, 그리고 고모, 간호사와 일하는 언니들은 나에게 유치원도 가기 전에 한글을 깨우칠 수 있게 해준 고마운 분들이다. 그림책과 만화, 동화책에 관심이 많은 나는 만화책을 읽고 싶어 한글을 빠르게 익혔다. 어머니는 그러한 딸에게 작은 책장을 맞춰 짜주어 만화책 도서관을 만들어 주셨다. 나는 유치원에도 아직 안 간 어린 시절, 공책에 내가 소장한 만화책을 순서대로 기입하여 초등학교, 중학교를 다니는 동네 선배들에게 빌려주는 사서 역할도 했다. 지금 생각하면 매우 즐거운 기억이다. 어머니는 나와 함께 서점에 가서 함께 만화책과 그림책을 골라서 구입해 주셨다. 나의 일생의 독서 습관은 이렇게 형성되었다.

초등학교 때부터 을유문화사 60권 세계문학전집을 시작으로 내방은 작은 도서관 같았다. 도스토예프스키 전집은 물론 아가다 크리스티의 탐정소설과 온갖 종류의 무협지들, 한국문학전집과 위인전집 등 책들이 가득찬 책장으로 사방이 둘러싸이게 되었다. 만화책도 집에 많았지만 동네 만화방은 내가 단골 중의 단골손님이었다. 어머니는 나에게 만화 읽지 말라는 이야기도 하지 않으며 다만 격려하였다.

더하여 우리 집 건너편에 어머니의 해주 행정고녀 후배가 하는 '박문서점'이 있었다. 따님도 나와 동갑이어서 우리는 매우 친하게 왕래

했다. 그 집이 우리집이기도 했다. 그 서점의 책은 모두 내 책이기도 했다. 어떤 때는 내가 서점을 봐주면서 판매도 하며 끝없이 그곳의 모든 재미있는 책을 섭렵했다. 기쁜 기억이다. 이때 도산 안창호 선생님을 책으로 만났다. 심취하여 훗날 흥사단에도 입단하고 안씨 종친으로 도산안창호기념사업회의 이사로 활동하였다. 어린이를 위한 위인전을 통해 도산 선생님을 읽으며 "힘을 기르시오"라는 말씀을 어린 나이에 보면서 "힘을 기르는 것은 실력을 기르라는 말씀이구나"라고 나름대로 해석하며 큰 깨우침이 있었다. 무력이 아니라 실력, 이것이 어린 초등학생이 깨우치며 일생 마음에 담고 산 도산의 말씀이었다. 다 끝없는 어머니의 독서 격려 덕분이다.

을유문화사 문학전집 중 한 권인 두꺼운 『바람과 함께 사라지다』 책을 초등학교 5학년 때 밤을 새워가며 읽었던 기억은 행복한 추억이다. "After all, tomorrow is another day("내일은 내일의 태양이 다시 뜬다"로 그 당시 을유문화사 문학전집 책에는 번역되어 있었다)." 이 스칼렛 오하라의 마지막 장 대사는 잊을 수가 없다. 미국에 가서도 어렸을 때의 기억을 되새기며 마가렛 미첼의 고향이자 저작 장소이었던 아틀란타를 찾았다. 이 대사가 새겨진 기념품을 구입하여 지금도 간직하고 있다. 도스토예프스키 전집을 초등학생 때 읽으며 도스토예프스키는 내가 흠모하는 문호가 되었다. 역시 후에 모스크바의 도스토예프스키의 생가와 상페테르부르크의 기념관을 찾은 것도 어려서의 기억 덕분이다. 내가 어려서 감명받았던 『카라마조프네 형제들』의 집필 장소를 찾아 감동을 되새기기도 했다. 이렇게 엄청난 양의 독서

역사를 만든 여의사들

가 가능했던 것은 모두 어머니와 외할머니 덕분이다.

기억에 남는 많은 일 가운데 어머니의 독특한 창의성의 한 예를 들고 싶다. 그 당시 밤거리는 무섭기도 하고 어린이가 자유롭게 다닐 수 있지 않았다. 어머니는 다락방에 작은 문구점을 만들어서 공책과 연필, 지우개, 크레파스, 풀 등을 비롯하여 자주 찾는 다양한 학용품을 살 수 있는 무인 판매점을 우리 형제들이 이용하게 만들어 주었다. 일종의 신뢰에 기반한 문방구였다. 각자의 용돈으로 판매가가 붙어 있는 문구들을 사고 거스름 돈도 스스로 계산하여 가졌다. 이 시스템은 내가 중학교에 다니는 초반에도 있었는데, 우리 형제들이 많이 커서 밖에서 마음대로 돌아다녀도 되는 나이가 되면서 문을 닫았다.

또한 어머니는 하나 밖에 없는 딸인 나에게 여러 모습을 한 종이 인형과 형형색색의 다양한 옷을 그린 인형장난감을 만들어 주셨다. 싫증 나지 않게 지속적으로 새 디자인들의 옷과 새 모습의 인형을 많이 만들어 주셨다. 요즈음에야 상품화되어 나오는 종이 인형과 그 여러 종류의 옷을 1950년대 말과 1960년대 초에 더 다양하고 예쁘게 만들어서 인형놀이를 할 수 있게 해 주셨다는 사실이 지금도 믿기지 않는다. 예쁘고 아름다우며 화려한 각양각색의 디자인을 해주신 어머니의 예술감각에 감탄이 절로 나온다. 이 종이 인형들을 간직했어야 하는데, 나의 무심함에 사라진 이 중요한 증거들이 지금도 그립다. 어머니의 미술 솜씨는 정말 좋았다. 어머니가 고등학교 때 스케치 북에 그리셨던 세밀화들은 감탄을 자아내게 한다. 어머니께서 흔적을 다 정리하시는 바람에 이러한 작품들이 보존되지 않아 안타깝기 한이 없다. 음악·무용발표회를 하거나 경연대회에 어머니는 우리 팀 모두의 분장사이기도 하였다. 무대화장도 워낙 뛰어나게 해주셔서 이를 보고 자란 나도 대학 때 연세대학교 의과대학 연극반에서 분장사로 활약하였다.

3. 자식들에 대한 무한 사랑의 따뜻한 어머니

　어머니가 전문직인 의사 선생님이었음에도 불구하고 나와 우리 형제들은 어머니가 언제나 옆에 계셨다. 학부모회를 비롯하여 소풍, 운동회, 입학식, 졸업식 등에 어머니는 우리와 늘 함께셨다. 얼마나 힘든 일인지 내 지난 삶을 통해 잘 알게 되었지만, 그 당시 나는 그 어려운 일들이 당연하다고 여겼다. 지금 생각해 보면 송구하고 감사한 일이다.

　병원 원장님임에도, 자식들의 소풍날에는 병원 문을 닫고라도 자식들의 소풍에 거의 언제나 동반하였다. 소풍 전날 밤부터 밤을 지새우며 맛난 김밥과 유부초밥 등을 만들기 위한 준비를 꼭 직접 하셨다. 혹시나 상할까봐 새벽부터 김밥을 정성스레 싸서 선생님들 도시락, 친구들과도 나누라고 아주 푸짐하게 여분의 김밥을 비롯해 온갖 과일과 과자들, 음료수를 많이 준비해 주셨다. 그 김밥이 너무나 맛있어서 선생님들께도, 친구들에게도 인기가 늘 최고였다. 김밥 싸는 어머니 옆에서 옆구리 김밥을 서로 먹겠다고 우리 형제들은 옆에 옹기종기 모여 있었다. 나도 후에 어머니의 레시피대로 해보려고 노력을 했으나 그 맛을 낼 수가 없다. 이렇듯 자식들의 학교 행사엔 늘 참석하신 덕분에 사진 속에서 항상 어머니의 모습을 만날 수 있다.

　어머니는 양장점에 가서 딸과 함께 옷을 맞추어도 입었지만 직접

역사를 만든 여의사들

우리 옷도 만들어서 입히셨다. 특히 예쁜 레이스와 단추, 형형색색의 예쁜 장신구로 장식을 하며 예쁜 딸내미 옷에 정성을 쏟으셨다. 어머니는 틈틈이 뜨개질도 하셨다. 각 계절에 어울리는 실들을 이용하여 뜨개질로 옷도 만들어 주셨다. 내 옷, 나중에는 며느리들 옷도 여럿이 있다. 손녀 안지은 박사는 지금도 할머니가 뜨신 조끼를 애용한다. 중요한 시험이나 면접, 중요한 날이면 꼭 입고 간다.

옷 외에도 우리 집에는 어머니가 남겨 놓으신 작품이 여전히 있다. 옷, 방석, 레이스 커튼, 침대보 등등. 장식품들도 있지만, 이불보도 뜨개실로 만들어 주신 아주 멋지고 예쁜 공주 이불도 있다. 우리 집은 곳곳에 어머니의 독창적이며 아름다운 작품과 수예품들로 매우 아름답게 장식이 되어 있었다. 지금 보아도 색감은 물론 현대적 감각이 뛰어난 작품들이다. 어머니의 출중한 창의성은 시대를 뛰어넘는 작품들을 만들어 내셨다.

특히 우리 형제들이 시험공부를 할 때는 하루 종일 환자를 보고 힘드신데도 꼭 앞에 앉아서 책을 보시거나 뜨개질을 하시며 지키셨다. 우리 공부가 끝나고 자러 갈 때까지 우리 옆을 지키셨다. 그렇다고 어머니에게서 공부하라는 말을 들은 적은 없다. 자녀들을 믿고 묵묵히 곁에서 격려하셨다. 늘 어머니와 아버지가 책 곁에서 공부 또는 연구하시는 모습, 일에 열중하시는 모습을 보고 따라 했을 뿐이었음을 지금은 깨닫게 되었다.

장녀인 나에게는 일찍이 넓은 내 방이 주어졌는데, 그 방에는 작은 냉장고도 있어서 그 당시의 빵과 버터, 땅콩잼, 초콜렛, 음료수 등이 늘 가득 들어 있었다. 친구들이 오면 마구 자유롭게 먹고 마시게 되어 우리집은 항상 즐거운 놀이터였다. 어머니는 옆집과 앞집에 있던 청(중국)요리점에서 음식을 푸짐하게 시켜서 언제나 친구들과 함께 먹을 수 있게 배려하셨다. 지금도 여러 친구들이 우리집의 중국요리 식사자리와 간식들을 두고두고 추억한다. 음료수는 종류별로 언제나 박스 째 있어서 누구나 선택하여 마실 수 있었다. 세 남동생과 그 친구들도 같은 어머니의 사랑을 무한히 받고 자랐다. 내 자식만 소중한 아이가 아니고 자식 친구들도 모두가 어머니의 눈에는 소중한 자식들이었다.

어머니 모습의 다른 한 측면은, 둘째 아들이 거리가 꽤 먼 중학교 배정을 받아서 새벽녘에 등교하는 아들의 뒷모습을 보고 아들의 모습이 사라질 때까지 지켜보며 눈물을 흘리셨다고 한다. 아들이 마흔이 넘어 장성했을 때에도 여전히 그 당시 얘기가 나오면 어머니는 눈물을 흘리는 감성적이고 따뜻한 분이셨다.

4. 모든 이에게 손을 활짝 펴신 사랑의 어머니

하루 종일 병원에 있다 보면, 환자는 물론 여러 사람이 드나든다. 우체국 집배원도 오고, 부랑자들이 와서 손을 벌린다. 어머니는 단 한 사람도 그냥 보내시지 않으시고, 집배원 아저씨에게는 물 한잔, 사탕이라도 드시게 했다. 어머니 생신이나 아버지 생신 때 음식을 하면 아파트 경비 아저씨들에게 한 상 차려서 내가게 하셨다. 언제나 한결같이 때를 거르는 일이 없으셨다.

어머니와 외할머니는 한국전쟁 후 많았던 부랑인, 걸인들도 늘 환대를 하여 언제나 따뜻한 밥과 새 반찬을 듬뿍 준비해 놓고 그들에게 대접했다. 빈손으로 보내는 법이 없었다. 지금 생각해 보면 뒷문과 연결되어 있던 주방이 그야말로 작은 급식소였다. 이를 보고 자란 나도 나의 축복을 나누는 일이 너무나 당연하다고 여기고 일생 지내왔다. 그래야 마땅한 일 아닌가!

어머니는 우리들이 초등학교 때부터 매달 용돈을 받아 그 안에서 운용하는 습관을 갖게 하셨다. 그 습관으로 인해 금전출납부를 쓰고 계획적으로 나의 금융상태를 알뜰살뜰하게 살폈다. 거의 일생 가계부를 쓰는 기본이 되었다. 유복하게 돈도 썼고 원하는 것들은 다 하고 살았지만 사치하지 않았다. 어머니는 보석은 몇 점 특별한 경우에 잘 활용할 정도로만 소유하셨다. 예쁜 장식용 악세서리 몇 점으로 아름

역사를 만든 여의사들

답게 치장하며 화려한 옷들에 그렇게 마음을 주지 않았다. 그러나 안목이 뛰어나서 일생 멋쟁이로 사셨다. 나도 그러한 어머니의 모습으로 사치와는 거리가 멀다. 보석이 예쁘기는 하지만 내가 사용하겠다는 생각은 들지도 않는다. 다만 가끔 쓸 수 있는 예쁜 마음가는 악세서리가 있을 뿐이다. 보석을 봐도 예쁜 '돌'이라는 생각만 난다. 대부분의 의사생활이 수술하는 의사였던 덕분에 반지와 팔찌는 수술준비에 걸리적거리는 골치아픈 물건일 뿐이다. 목에도 닿는 것이 갑갑하여 목걸이는 하지도 않는다. 자유롭고 편하다.

그러나 어머니도, 어머니를 일생 보고 산 우리 가족들도 주변 분들에게는 매우 관대하다. 어려서부터 음식점에 가서 내가 내는 것을 당연하게 여기고 살아서 다른 분들이 계산하는 것에 익숙지 않다. 늘 내가 낸다는 마음으로 식사에도 임한다. 외할머니와 어머니는 주변인들에게 너그럽고 넉넉했다. 학교 선생님들에게도 지극정성을 다했다. 우리 친구들에게도 어머니의 같은 자식이라 말씀하셨다. 우리 집에오면 먹고 싶은 것 모두 배불리 먹고, 마시고 싶은 것 언제든지 직접 꺼내 마셔도 되는 곳이었다. 우리 집에는 우리 4남매의 친구들이 항상 북적거렸다. 지금도 친구들이 예전을 상기하며 어머니에 대한 기억을 반추한다.

5. 가족 신앙의 뿌리이신 어머니

어머니는 가톨릭 신자다. 대학 시절, 혜화동성당(그 당시는 백동성당)에서 세례를 받으셨다. 수녀님이 되겠다는 마음을 가지며 열심히 성당을 다니셨다고 한다. 그러던 어느 날, 말을 타는 어머니와 가끔 뵙던 을유문화사 회장님의 말이 눈병이 났을 때, 부탁으로 어머니가 말의 눈을 치료해 주게 되었다. 말이 크니, 어머니는 사다리를 타고 올라가서서 치료를 했다. 이 때 어머니가 수녀원에 들어가겠다는 사실을 조금 알고 계셨던 을유문화사 회장님이 "마리데레사(어머니의 세례명)는 사람의 마음을 고치는 의사, 수녀보다는 사람의 병을 고치는 의사가 되는 게 좋겠다"는 당부의 말씀을 하셨다. 그 말씀이 어머니의 마음을 바꾸게 된 한 계기가 되었다고 한다.

어머니의 신앙심은 성모마리아를 닮으셨다. 어머니는 출산 후 산후조리가 미쳐 끝나기도 전, 산후 일주일도 안되어 자식들을 성전으로 데려가 유아 영세를 받게 하셨다. 어머니의 그 신앙이 나에는 물론, 가톨릭을 전혀 접하지 못한 며느리들의 친정 가족까지도 신앙의 뿌리를 내리게 하셨다. 어머니의 작은 씨앗이 펴져 작은 열매를 맺고 있다. 우리 가족들은 모두가 가톨릭 신심의 신앙을 가지고 있다. 얼마나 감사한지 모른다.

역사를 만든 여의사들

6. 여의사 자매 어머니 김경실과 이모 김경신

어머니와 아버지, 이모와 이모부는 모두 의사이시다. 여행도 함께 가시고 각각 외국여행 후에는 선물도 서로 푸짐히 장만하시는 등, 두 자매는 일생 서로 아끼며 챙기셨다. 집안 왕래가 잦아서 우리도 이모 댁에 가서 생활하고 이종사촌 언니와 오빠들과도 각별한 관계로 일생 살아오고 있다. 언니와 오빠가 없는 나에게는 이종사촌 언니들이 바로 언니였고, 이종사촌 오빠들이 바로 나의 오빠였다. 언니, 오빠의

1977년 이모, 이모부, 어머니, 아버지의 부부동반 내장산 여행

친구들하고도 인사하고 언니, 오빠라 부르고 살았다. 지금도 자주 왕래하며 우리는 친형제, 자매 이상의 관계로 친하게 교류하고 산다.

어머니는 외할머니와 함께 개정중앙병원 시절, 군산에서 개업하고 있던 분주하던 이모를 도와 장남과 장녀를 개정에서 키우셨다. 각각 서울과 인천으로 거처를 옮긴 후에도 이종사촌들과의 사이는 각별하게 좋았다. 우리는 서로 이모집을 자주 방문하였고 그 때마다 용돈타는 재미도 서로 함께 누렸다. 이때의 즐거움은 다음 세대에도 연결되어 여러 형태로 형제애와 자매애를 나누며 지낸다.

역사를 만든 여의사들

김경실金敬實 어머니 연보

1925.5.1.(음4.9)   황해도(黃海道) 장연군(長淵郡) 후남면(候南面) 남호리(南湖
里)에서 김해 김씨 김수한과 광산 김씨 김봉애의 두 딸 중
차녀로 탄생.

1942.   해주행정고등여학교 졸업. 최고의 영예인 4년 계속 1등 한
여학생에게 수여되는 이왕가상(李王家賞) 수상.

1942.   경성여자의학전문학교 입학.

1947.5.1.   경성여자의학전문학교 5회 졸업(1945년 해방이후 1946년
졸업은 없었음. 그러므로 1947년은 5회 졸업).
졸업과 동시에 모교 안과교실에서 지속적 수련.
의사면허증 501호(1974년 9월1일, 고재필 보건사회부 장
관명의로 재발부).
안과전문의 면허증 44호(1974년 10월19일, 고재필 보건
사회부 장관명의로 재발부).

1949.   개정의 개정중앙병원 안과 과장으로 부임.

1953.11.   한국전쟁 당시 외할아버지 소개로 군산검역소 소장으로 근
무하던(1950.4-1951.9) 안봉한 아버지와 만났고, 1951년
9월부터 안봉한 아버지는 한국전쟁 전 근무처였던 국립인
천검역소 소장으로 다시 복귀하였으므로 1953년 11월 결
혼 후 인천으로 이주.

1954.   인천에 정착, 김안과 의원 개원.

1992.1.2.   안봉한 아버지 71세(만)를 일기로 선종.

2007.7.25.   82세를 일기로 선종.

강선미, 「조선파견 여선교사와 (기독)여성의 여성주의 의식형성」, 이화여자대학교 박사학위 논문, 2003.

강영경, 강영심, 김수자, 신영숙, 안명옥, 이방원, 정현주, 『'여권통문' 새 세상을 열다』, 역사여성미래, 2021.

구하라, 「로제타 홀의 선교사역이 초기 한국교회에 끼친 영향」, 성결대학교 신학대학원 석사학위 논문, 2022.

기창덕, 「사립여자의학교육」, 『의학사』 2(1):85-98, 1993.

기창덕, 「醫學系의 海外 留學生」, 『의사학』 3(2):171-201, 1994.

김경일, 신영숙, 정현주, 이상경, 김성은, 김은경, 박정애, 『한국 근대 여성 63인의 초상』, 한국학중앙연구원, 2015.

김상덕, 「女子醫學講習所 – 1928에서 1938년까지」, 『의사학』 2(1):80-84, 1993.

김상덕, 이헌정 편, 『자료로 살펴 본 여자의학강습소』, 도서출판 한림원, 2003.

김성연, 「근대 초기 선교사 부인의 저술 활동과 번역가로서의 정체성」, 『현대문학의 연구』 55:253-90. 2015.

김성은, 「로제타 홀의 조선여의사 양성」, 『한국기독교와 역사』 27:5-43, 2007.

길정희, 『나의 자서전: 한국여자의학교육 회고』, 삼호출판사, 1981.

박용옥, 『한국여성 근대화의 역사적 맥락』, 지식산업사, 2001.

박정희, 『닥터 로제타홀』, 다산북스, 2015.

박형우, 윌리암 제임스 홀(William James Hall), 『延世醫史學』 5(1):1-8, 2002.

박형우, 『한국근대서양의학교육사』, 청년의사, 2008.

박정희, 『닥터 로제타홀』, 다산북스, 2015.

보건복지부, 1995-2024 『보건복지통계연보』, 1995.12-2024.12.

삼일(3·1)여성동지회 편, 『한국여성독립운동가』, 국학자료원, 2017.

송정연, 「릴리어스 호튼 언더우드의 선교사 정체성」, 『신학논단』 80:207-235, 2015.

신동원, 「일제강점기 여의사 허영숙의 삶과 의학」, 『의사학』 21(1):25-65, 2012.

안명옥, 「국립여성사박물관 건립의 여정」, 『여성과 역사』 41:1-14, 2024.

언더우드, 릴리어스 호톤, 언더우드 부인의 조선견문록(Fifteen years among the topknots, or, Life in Korea, Underwood, Lillias H. (Lillias Horton) American Tract Society, 1904) 김철 옮김, 이숲, 2008.

언더우드, 릴리어스 호턴(정희원 역), 『호러스 언더우드와 함께한 조선』 (With Tommy Tompkins in Korea, Underwood, Lillias H. (Lillias Horton) Fleming H. Revell Company, 1905), 아인북스, 2013.

역사를 만든 여의사들

여성가족부, 「2024년 통계로 보는 남녀의 삶」, 2024.9.5.

여인석, 이현숙, 김성수, 신규환, 김영수, 『한국의학사』, 역사공간, 2018.

오현주, 「릴리아스 호튼(Lillias Horton)의 한국 문화 및 한국 근대화 이해와 선교활동에 관한 연구」, 계명대학교 연합신학대학원 신학과 석사학위 논문, 2010.

윤정란, 「19세기말 조선의 안방을 찾은 미국 여성의 욕망 – 여선교사 릴리어스 호튼 언더우드(Lillias Horton Underwood)를 중심으로」, 『사림』(성대사림) / The Historical Journal. 34:105–134, 2009.

이덕주, 『한국교회 처음 여성들』, 홍성사, 2007.

이동순, 「여성운동가 현덕신 연구」, 『문화와융합』 42(1):575–595, 2020.

이방원, 「박에스더(1877–1910)의 생애와 의료선교활동」, 『의사학』 16(2):193–213, 2007.

이방원, 『박에스더』, 이화여자대학교출판문화원, 2018.

이영아, 「최초의 '국내파' 여성의사 안수경(安壽敬), 김영흥(金英興), 김해지(金海志) 연구」, 『의사학』 30(1):101–144, 2021.

이현주, 「여성의사와 해외선교 – 19세기 말에서 20세기 초 내한 미국인 선교사를 중심으로」, 『이화사학연구』 63:431–474, 2021.

이희천, 김혜경, 『애니 엘러스, 한국에 온 첫 의료선교사』, 정신여자고등학교 사료연구위원회, 2009.

전라남도, 『전남여성 100년』, 전라남도 복지여성국 여성정책과, 2003.

정미현, 「한국교회 초기 선교의 한 유형: 릴리어스 호튼 언더우드를 중심으로」, 『신학논단』 80:267–297, 2015.

정미현, 「릴리어스 호튼 언더우드의 선교 사역과 여성의식」, 『동방학지』 171:223–251, 2015.

정미현, 「릴리어스 호튼 언더우드의 선교사역과 오리엔탈리즘」, 『선교와 신학』 42:373–419, 2017.

정민재, 「조선 최초의 여의사, 박에스더」, 『한성사학』 24:35–52, 2009.

주양자, 남경애, 류창욱, 김신명숙, 홍예원, 『우리나라 근·현대여성사에서 여의사의 위상에 관한 연구 – 박에스더 이후 시대의 지도자로 활약한 여성의사의 사회활동을 중심으로』, 의료정책연구소, 2012.

최은경, 「일제강점기 조선 여자 의사들의 활동」, 『코기토』 80:287–316, 2016.

최주환, 「제2차 유학시절의 이광수」, 『춘원연구학보』 4:93–135, 2011.

한국여자의사회, 『한국여자의사 90년』, 의학출판사, 1986.

한국여자의사회, 『한국여자의사 120년』, 한국여자의사회, 2020.

한동관 외, 『한국 현대의료의 발자취 – 근대의료건축물을 중심으로』, 대한의사협회 의료정책연구소, 2012.

한지은, 「언더우드가의 여성 선교사들: 릴리어스 언더우드(1851–1921)와 에텔 언더우드(1888–1949)를 중심으로」, 『한국학논집』 60:355–390, 2015.

한희숙, 『의녀』, 문학동네, 2012

홀, 로제타, (김현수·강현희 역/양화진문화원 편), 『로제타 홀 일기 2(1890.9.24.-1891.5.17)』, 홍성사, 2016.

홀, 로제타, (김현수·강현희 역/양화진문화원 편), 『로제타 홀 일기 3(1891.5.15.-1891.12.31)』, 홍성사, 2016.

홀, 로제타, (김현수·강현희 옮김/양화진문화원 편), 『로제타 홀 일기 4(1892.3.8.-1894.10.1)』, 홍성사, 2016.

홀, 로제타, (김현수·문선희 옮김/양화진문화원편), 『로제타 홀 일기 5(1893.11.10.-1902.11.10)』, 홍성사, 2017.

홀, 로제타, (김현수·문선희 옮김/양화진문화원 편), 『로제타 홀 일기 6(1895.1.18-1900.5.23.)』, 홍성사, 2017.

홀, 셔우드, (김동렬 역), 『닥터 홀의 조선회상』, 좋은 씨앗, 2003

〈언론〉

안명옥, 「김점동(박에스더), 여자의사 120년 ① 김점동(박에스더), 최초의 한국 서양의학 의사 120년」, 『여성신문』, 2020.8.26., 1608-1609 합병호 10면.

안명옥, 「김점동(박에스더), 여자의사 120년 ② 한국 근대 여성교육과 서양의학의 시작」, 『여성신문』, 2020.9.16., 1611호 10면.

안명옥, 「김점동(박에스더), 여자의사 120년 ③ 김점동, 박에스더가 되다」, 『여성신문』, 2020.9.23., 1612-1613 합병호 10면.

안명옥, 「김점동(박에스더), 여자의사 120년 ④ 국민과 하느님에 헌신한 의사의 삶」, 『여성신문』, 2020.10.7., 1614호 10면.

안명옥, 「김점동(박에스더), 여자의사 120년 ⑤ 조선 의녀와 김점동 이후 여의사」, 『여성신문』, 2020.10.16., 1615호 15면.

안명옥, 「김점동(박에스더), 여자의사 120년 ⑥ 김점동 그녀의 후예들」, 『여성신문』, 2020.10.23., 1616호 17면.

안명옥, 「김점동(박에스더), 여자의사 120년 ⑦ 활인(活人)! 지혜의 여성들이 대한민국을 구할 것이다」, 『여성신문』, 2020.11.6. 1618호 20면.

이용민, 「[첫 여성 의료 선교사, 애니 엘러스] "女의사 절실" 요청에 2년 기약 왔다가 50년 사역 〈1〉 최초의 여의사 서울에 도착하다」, 『국민일보』, 2015.11.9.

이용민, 「[첫 여성 의료 선교사, 애니 엘러스] 제중원 女환자 돌보며 명성황후 주치의 활동 〈2〉 서울에서 새롭게 주어진 길」, 『국민일보』, 2015.11.16.

이정식, 「톨스토이의 아내와 이광수의 아내」, 『여성경제신문』, 2017.05.29.

〈그 외 참고자료〉

릴리어스 호튼 언더우드 서거 100주기 기념행사, 2021.10.29.
　　　https://www.youtube.com/watch?v=9-Ahwz8Wh2k
조선을 사랑한 선교사 25 _ 릴리어스 호튼 언더우두 선교사(1851-1921)
　　　https://www.youtube.com/watch?v=gUkTKU-171c
한국기독교100주년기념사업재단, 양화진외국인선교사묘원, Annie Ellers Bunker.
　　　http://www.100thcouncil.com/bbs/board.php?bo_table=missionary&wr_id=6
kocis 문화체육관광부 한국문화홍보원, 한국을 사랑한 가문 '언더우드', 2019.11.07.
　　　https://www.kocis.go.kr/koreanet/view.do?seq=1033838